STARK

TRAINING
FRANZÖSISCH

Benl · Steets

Textarbeit

Methodik und Praxis
Oberstufe

STARK

ISBN: 3-89449-296-1

D-85318 Freising · Postfach 1852 · Tel. (08161) 1790

Inhalt

Fortsetzung nächste Seite

Vorwort

Liebe Schülerin, lieber Schüler,

der vorliegende Band führt Sie systematisch an die selbstständige Arbeit mit Texten heran. Er ist aus der **Unterrichtspraxis** entstanden und im Unterricht erprobt. Sie können ihn ab der **11. Klasse** und speziell im **Grund- und Leistungskurs** verwenden.

Der **methodische Teil** enthält Erläuterungen und Tipps zu den einzelnen Schritten der Textarbeit, vom Lesen des Textes bis zum Verfassen des *commentaire personnel,* sowie Zusammenstellungen von wichtigen Wörtern und Wendungen.

Der **praktische Teil** bietet interessante Texte zu **in den Lehrplänen vorgesehenen Themenbereichen**, nach Schwierigkeitsgrad gestaffelt. Im Übungsteil finden Sie alle für Schulaufgaben (Klassenarbeiten) und Klausuren relevanten Aufgabenstellungen einschließlich Bepunktung. Zwischenlösungen und **Lösungen** zu allen Übungen ermöglichen eine gezielte Leistungsüberprüfung.

Wir wünschen Ihnen viel Freude und viel Erfolg bei der Arbeit mit diesem Trainingsband!

Rotraud Benl
Angelika Steets

Methodik der Textarbeit

1 Verstehendes Lesen – Technik des Lesens

1.1 Die Lesedurchgänge

Bevor ein Text bearbeitet werden kann, ist ein mehrfaches (mindestens zweifaches) aufmerksames Lesen notwendig. Beim **ersten Lesen** hat man den ganzen Text im Blickfeld. Ziel ist ein **globales Verständnis** des Textes. Wörter sollten in dieser Phase nur dann im Wörterbuch nachgeschlagen werden, wenn sie das Verständnis grundsätzlich blockieren (Wörter in der Überschrift; zentrale, mehrfach wiederkehrende Begriffe). Während dieses ersten Lesens benützt man gleichzeitig einen Stift, um die unbekannten Wörter zu unterstreichen. Ist der Text umfangreich und schwierig, kann das Markieren der unbekannten Wörter in einem gesonderten Lesedurchgang erfolgen.
Beim **zweiten Lesen** geht man abschnittweise vor und klärt mit einem einsprachigen Wörterbuch die unbekannten Wörter (siehe Kapitel 2). Ziel ist das **Detailverständnis** des Textes.

1.2 Gedankliche Strukturierung des Textes

Sind die Verständnisschwierigkeiten im Einzelnen geklärt, wendet man sich erneut dem ganzen Text zu und hebt mit einem Leuchtstift die zentralen Aussagen hervor. Ziel ist das Sichtbarmachen der **Argumentationsstruktur** des Textes, seines gedanklichen Aufbaus. Diese Strukturierungsarbeit kann noch dadurch unterstützt werden, dass man den zentralen Gedanken eines jeden Abschnitts als Überschrift formuliert, die man am Rand des Textes notiert.
Die Argumentationsstruktur eines Sachtextes folgt häufig argumentativen Grundmustern. Das Erkennen solcher Muster erleichtert und vertieft gleichzeitig das Textverständnis. Ein Autor kann z. B. eine **These** (Argument*)* durch ein **Beispiel**

oder ein **Zitat** veranschaulichen und bekräftigen; er kann sie durch eine **Begründung** (Gründe) differenzieren und glaubhaft machen; er kann auf die **Folgen** verweisen; er kann eine These durch eine **Gegenthese** entkräften oder aus unterschiedlichen Thesen ein **Fazit** ziehen.
Diese Strukturmuster können durch Abkürzungen am Rand des Textes angedeutet werden, vgl. z. B. den Modelltext auf Seite 3.

Strukturmuster in Sachtexten

These:	thèse
Antithese:	antithèse (antith.)
Beispiel:	exemple (ex.)
Zitat:	citation (cit.)
Begründung:	raison(s) (rais.) = Grund/Gründe cause(s) (caus.) = Ursache(n)
Folge:	conséquence(s) (cons.)
Fazit:	résumé (rés.)

Modelltext 1

Les régions qui bougent

thèse — Paris-province, aujourd'hui

Même si la région parisienne conserve encore une place prépondérante dans la géographie française, le contraste que l'on pouvait souligner il y a trente ans entre «Paris et le désert français» tend à s'effacer.

autrefois

Jusqu'à la dernière Guerre mondiale, on opposait encore volontiers la vie de province à celle de la capitale. Le jeune provincial qui ne «montait» pas à Paris pour y faire carrière était condamné à végéter sur place dans des postes et des fonctions subalternes. Héritage de plusieurs siècles de centralisation durant lesquels la Ville-Lumière avait pompé les forces vives du pays.

développement de la thèse

Cette image est aujourd'hui périmée. Depuis le milieu du siècle, le développement accéléré des médias a tiré les régions de leur isolement, le progrès des transports permet des liaisons aller et retour dans la même journée entre toutes les grandes villes de France. Au regard de Paris, où les déplacements dévorent le temps de chacun, où l'existence est trépidante, on se prend à goûter le charme des villes moyennes et de leur environnement proche, où l'on peut retrouver une certaine «qualité de la vie», même si les problèmes d'emploi s'y posent souvent d'une façon aiguë.

retour à la terre (mouvement vers la province) — rais.

A un exode rural massif commence même à succéder, sous l'influence des idées écologistes, une manière de retour à la terre. Ce renversement qui se dessine en France dans les flux démographiques a été favorisé par d'autres facteurs plus profonds. Tout d'abord la Ve République a entrepris un vaste effort de décentralisation dans différents domaines: déconcentration administrative, économique, industrielle et culturelle. Mais ce qui a joué plus encore en faveur de ce renversement de situation, c'est la prise de conscience des identités régionales, du «droit à la différence», de la richesse du patrimoine national dans sa diversité même.

nouvelle mobilité — rais. — cons.

Ainsi, à l'image d'une province statique et repliée sur elle-même s'est substituée celle d'une province qui bouge et aussi celle d'une France qui se déplace. Le développement des congés dans toutes les classes sociales, le besoin croissant d'évasion, contrepartie nécessaire de la vie urbaine et d'un travail de plus en plus contraignant, multiplient les échanges entre la grande ville et la province. Le tourisme, le camping, les sports d'été et d'hiver, mais aussi les festivals et manifestations de toutes sortes favorisent brassages et rencontres.

rés.

Avec la décentralisation désormais effective, la «province» a son sort en main. C'est d'elle que dépendent la mise en place et la réussite d'une véritable régionalisation, et donc la modernisation du pays.

d'après: Guy Michaud, Alain Kimmel: Le nouveau Guide France, Paris, Hachette 1992, p. 58 - 59.

2 Wortschatzerschließung mit dem einsprachigen Wörterbuch

2.1 Grundsätzliches

Jedes einsprachige Wörterbuch enthält neben den Worterklärungen weitere nützliche Hinweise. Diese sind in Form von Abkürzungen angegeben; sie betreffen vor allem Grammatik und Stil.

Abkürzungen in einsprachigen Wörterbüchern

Grammatische Begriffe

n.	nom (Nomen, Substantiv)
n. m.	nom masculin (männliches Nomen, Substantiv)
n. f.	nom féminin (weibliches Nomen, Substantiv)
v.	verbe (Verb)
v. t.	verbe transitif (Verb mit objet direct)
v. t. ind.	verbe transitif indirect (Verb mit objet indirect)
v. pr.	verbe pronominal (reflexives Verb)
inf.	infinitif (Infinitiv)
adj.	adjectif (Adjektiv)
adv.	adverbe (Adverb)
pron.	pronom (Pronomen)
prép.	préposition (Präposition)
conj.	conjonction (Konjunktion)

Stilbegriffe

lit.	littéraire (literarisch)
fam.	familier (umgangssprachlich)
pop.	populaire (volkstümlich)
arg.	argot(ique) (Argot, Sondersprache)
péj.	péjoratif (abwertend)

Eine vollständige Liste der Abkürzungen findet man meistens am Anfang der Wörterbücher unter „Abréviations“.

2.2 Beispiele

Der Modelltext von Seite 3 enthält eine Reihe von Wörtern und Wendungen, deren Bedeutung im Lexikon nachgeschlagen werden muss. Wir greifen hier einige heraus (unterstrichene Wörter), um exemplarisch zu zeigen, welche Schwierigkeiten auftauchen können und wie man am besten vorgeht.
Das einsprachige Wörterbuch bietet in der Regel parallel verschiedene Möglichkeiten der Worterschließung an: Definitionen, Umschreibungen, Synonyme (Wörter mit gleicher oder sehr ähnlicher Bedeutung), Antonyme (Wörter mit entgegengesetzter Bedeutung), Beispielsätze. Wichtig ist grundsätzlich, dass man sich nicht mit der ersten Worterklärung zufriedengibt, sondern die verschiedenen Erschließungswege kombiniert. Die folgenden Beispiele von Wörterbucheinträgen stammen aus dem *Dictionnaire de français* von Larousse/ Cornelsen.

Beispiel 1: prépondérante (l. 2)

prépondérant, e [prepɔ̃derɑ̃] adj. (du lat. *praeponderare*, avoir le dessus). Qui a une autorité supérieure, un poids moral plus grand, dans une affaire, une action particulière : *Un savant dont les travaux ont joué un rôle prépondérant* (syn. CAPITAL, PRIMORDIAL). *Dans ce vote, la voix de la présidente de l'assemblée sera prépondérante* (= en cas de partage égal des voix, on choisira la solution pour laquelle aura voté la présidente).

Die Form ist im Kontext, aber auch im Lexikon als Adjektiv erkennbar (weibliches -e, adj.). Als Worterklärung bietet das Lexikon mehrere Umschreibungen, Beispielsätze und zwei synonyme Adjektive. Die Synonyme, auf die man sich zunächst beziehen möchte, helfen hier alleine kaum weiter. Aufschlussreicher sind die Umschreibungen zusammen mit dem ersten Beispielsatz. (Im zweiten Beispielsatz ist das Wort in einer sehr speziellen Bedeutung verwendet, die auf unseren Kontext nicht zutrifft.) Selbst wenn man die genaue deutsche Übersetzung *ausschlaggebend, maßgeblich* nicht erschließen kann, wird die Grundbedeutung *wichtig, bedeutend* erkennbar.

Regel 1: Beachten Sie die Beispielsätze!

Beispiel 2: tend à (1. 5)

1. tendre [tɑ̃dr] adj. (lat. *tener*). **1.** (après le n.) Qui se laisse facilement entamer, couper : *Avoir la peau tendre* (syn. DÉLICAT). *Le sapin, le peuplier sont des bois tendres.* — **2.** (après le n.) Qui ne résiste pas sous la dent, facile à mâcher : *Du pain tendre* (contr. RASSIS). *De la viande très tendre. De la salade tendre comme de la rosée.* — **3.** *La tendre enfance, l'âge tendre,* la petite enfance, la première jeunesse. — **4.** Qui manifeste de l'affection, de l'attachement : *De tendres paroles. Une voix tendre* (syn. CARESSANT, DOUX). ◆ adj. et n. **1.** (avant ou après le n.) Accessible à l'amitié, à la compassion, à l'amour : *Une tendre mère* (syn. ↓AFFECTUEUX). *Avoir le cœur tendre. Cet homme n'est pas un tendre.* — **2.** *Ne pas être tendre pour qqn,* être sévère : *Les critiques n'ont pas été tendres pour l'auteur de cette pièce.*

2. tendre [tɑ̃dr] v. t. (lat. *tendere*) [c. **50**]. **1.** *Tendre qqch,* le tirer et le tenir dans un état d'allongement : *Tendre une corde, une chaîne. Tendre un arc.* — **2.** Étendre, déployer une surface : *Tendre une peau. Tendre une voile.* — **3.** Disposer en étendant : *Tendre une tapisserie, une tenture sur un mur.* || *Tendre une pièce, un mur,* les couvrir d'une tapisserie, d'une étoffe. — **4.** Porter en avant pour donner, présenter : *Elle lui tendit la main en signe d'amitié* (syn. ALLONGER, AVANCER). *Tendre la joue.* — **5.** *Tendre la main,* demander l'aumône. || *Tendre la main, les bras à qqn,* lui offrir son secours, l'aider. || *Tendre l'oreille,* s'efforcer d'écouter. || *Tendre son esprit,* faire effort pour comprendre. || *Tendre un piège, des collets, des filets,* etc., les disposer pour prendre du gibier, du poisson. || *Tendre un piège à qqn,* chercher à le surprendre, à le tromper. — **6.** (sujet qqch) *Tendre une situation, une atmosphère,* provoquer un état d'anxiété, d'hostilité pouvant aller jusqu'au conflit : *Ces discussions ne servent qu'à tendre l'atmosphère.* — **7.** (sujet qqn) *Être tendu,* être irritable; avoir l'esprit anxieux. ◆ v. t. ind. *Tendre à qqch, à* (+ *inf.*), l'avoir pour but : *Tendre à la perfection. Cette intervention tend à apaiser les esprits.* ◆ ***se tendre*** v. pr. (sujet qqch) Devenir tendu : *La situation se tend entre les deux pays.*

Zunächst muss man von der Endung *-d* auf den Infinitiv *tendre* schließen. Im Wörterbuch finden sich zwei Formen *tendre*, von denen aber die erste ausscheidet, da sie als Adjektiv gekennzeichnet ist. Das Verb *tendre* ist grammatisch unterteilt in *v. t. (verbe transitif,* mit *objet direct)* und *v. t. ind. (verbe transitif indirect,* mit *objet indirect*). Die Konstruktion *tend à* zeigt, dass das Verb im Text als *verbe transitif indirect* verwendet ist. Umschreibung und Beispielsatz führen jetzt zu der Bedeutung *zum Ziel haben, darauf abzielen* (vgl. auch den deutschen Fremdwort-Ausdruck *dazu tendieren*).

Regel 2: Beachten Sie die Verbkonstruktion!

Beispiel 3: s'effacer (1. 5)

effacer [efase] v. t. (de *face*) [c. **1**]. **1.** *Effacer une tache, une inscription,* etc., la faire disparaître, en particulier par frottement, par lavage, par usure : *Un dessinateur qui efface un trait de crayon* (syn. GOMMER). *Les intempéries ont effacé les lettres du panneau indicateur;* sans compl. : *Cette gomme efface bien.* — **2.** *Effacer un souvenir, une mauvaise impression, un affront,* etc., les chasser, les faire disparaître : *Le temps efface tout.* — **3.** *Effacer qqn,* l'empêcher de briller : *Elle efface par son esprit toutes les autres femmes* (syn. ÉCLIPSER). — **4.** *Effacer ses épaules, son corps,* etc., les mettre en retrait, les rentrer. ◆ ***s'effacer*** v. pr. **1.** (sujet qqch) Disparaître : *Les traces des roues se sont effacées. Des notions qui s'effacent dans les mémoires.* — **2.** (sujet qqn) Se tenir à l'écart; ne pas se mettre en valeur : *S'effacer pour laisser passer quelqu'un. Un romancier qui s'efface derrière ses personnages.*

Reflexive Verben sind unter dem entsprechenden Grundverb verzeichnet, hier *effacer*, und dort unter *v. pr. (verbe pronominal)* aufgeführt. Das als erste Erklärung gegebene Synonym *disparaître (verschwinden)* passt in den Kontext.

Regel 3: Schlagen Sie reflexive Verben unter dem Grundverb nach!

Beispiel 4: durant (1. 12)

durant [dyrɑ̃] prép. (de *durer*). Indique la simultanéité continue (surtout écrit) : *Il y eut, durant trois jours, de grandes festivités* (syn. AU COURS DE). *Durant tout ce temps, qu'êtes-vous devenu ? Elle restait à rêver durant des heures. Il n'a pas plu durant la journée, mais la nuit il a fait un gros orage. Elle a durant longtemps disparu de la scène politique;* comme adv. après le nom, pour insister sur la continuité : *Toute sa vie durant, il a été un fort honnête homme. Ils avaient discuté des heures durant.*

Die Schwierigkeit besteht hier darin, das Wort innerhalb des Satzes als Präposition zu erkennen und es nicht etwa als Partizip Präsens von *durer* misszuverstehen. Dies ergibt sich in Zusammenhang mit dem folgenden Relativpronomen *lesquels*. Die Bedeutung des Wortes ist vor allem durch das Synonym *au cours de (im Lauf von, während)* zu erschließen.

Regel 4: Beachten Sie den Satzkontext!

Beispiel 5: au regard de (l. 19)

regard [rəgar] n. m. **1.** Action de regarder : *Jeter, lancer un regard sur quelqu'un* (syn. COUP D'ŒIL). *Parcourir du regard. Montrer, désigner, menacer du regard. Soustraire au regard* (syn. VUE). *Sa beauté attire tous les regards.* — **2.** Manière de regarder, expression des yeux : *Un regard doux, tendre, caressant. Un regard fixe, sombre, terrible, vif, pénétrant, perçant.* — **3.** *Au regard de,* par rapport à, aux termes de : *Être en règle au regard de la loi.* ‖ *Droit de regard,* possibilité d'exercer un contrôle : *Avoir (un) droit de regard sur une affaire.* ‖ *En regard,* en face, vis-à-vis : *Un texte latin avec une traduction en regard.* — **4.** Ouverture permettant d'observer, de nettoyer un conduit (techn.).

Der Ausdruck muss als präpositionale Wendung gesehen werden. Eine isolierte Betrachtung des Substantivs *regard* würde hier nicht weiterführen. Die Wendung ist unter Punkt 3 vermerkt und kann vor allem durch den ersten synonymen Ausdruck *par rapport à* in ihrer Bedeutung erkannt werden: *im Vergleich zu, in Hinblick auf.*

Regel 5: Betrachten Sie die Wörter nicht nur isoliert, sondern eventuell als Teil einer Redewendung!

Beispiel 6: se prend à (l. 21)

◆ ***se prendre*** v. pr. **1.** S'accrocher : *Sa robe s'est prise dans les ronces.* — **2.** *Se prendre d'amitié pour qqn,* éprouver soudain de l'amitié pour lui. — **3.** *Se prendre à* (+ *inf.*), commencer soudain à : *Il se prit à accuser ses voisins. Elle s'est prise à espérer.* — **4.** *S'y prendre,* commencer à agir : *Il est trop tard pour greffer cet arbre, il aurait fallu s'y prendre plus tôt* (= le faire). ‖ *S'y prendre bien, mal,* etc., agir avec adresse, avec maladresse, etc. : *Elle s'y prend drôlement pour annoncer la chose.* — **5.** *S'en prendre à qqn, à qqch,* l'attaquer, le critiquer, le rendre responsable : *Tu n'as voulu écouter aucun conseil : si tu te trompes, tu ne pourras t'en prendre qu'à toi-même.* — **6.** *Se prendre pour* (+ *n.*, parfois *adj.*), se croire : *Il se prend pour un fin diplomate. Elle se prend pour plus malheureuse qu'elle n'est.*

Hier liegt das Problem darin, sich innerhalb eines Stichworts *(prendre)* zurechtzufinden, das in sehr vielen verschiedenen Bedeutungen und Kontexten verwendet werden kann. Zwei Kennzeichen des verbalen Ausdrucks helfen hier bei der Orientierung, das reflexive *se* und die Präposition *à:* es findet sich beim reflexiven Verb *se prendre* unter Punkt 3: *se prendre à (+ inf.).* Die Erklärung ist leicht verständlich: *(plötzlich) anfangen, beginnen.*

Regel 6: Verschaffen Sie sich bei langen Einträgen zunächst einen generellen Überblick!

Beispiel 7: exode rural (1. 26)

> **exode** [ɛgzɔd] n. m. (gr. *exodos,* sortie). Départ en grand nombre : *L'exode des citadins en été. On appelle «exode rural» l'émigration des ruraux vers les villes.*

Das Wörterbuch gibt eine direkte Definition des zusammengesetzten Begriffes, dem im Deutschen ein zusammengesetztes Substantiv entspricht: *Landflucht.* Vergleiche im Modelltext auch die zusammengesetzten Ausdrücke *prise de conscience* (1. 36), aufgeführt unter dem Stichwort *prise*, und *mise en place* (1. 54), unter *mise* nicht unmittelbar aufgeführt, aber entsprechend ableitbar. In einen ähnlichen Zusammenhang gehört auch *flux démographique* (1. 29).

Regel 7: Beachten Sie feste Wortverbindungen!

Beispiel 8: renversement (l. 28)

renversement [rɑ̃vɛrsəmɑ̃] n. m. Action de renverser : *Le renversement des institutions* (syn. BOULEVERSEMENT, ↑ ANÉANTISSEMENT, ↑ RUINE). *Renversement d'une situation* (syn. RETOURNEMENT).

renverser [rɑ̃vɛrse] v. t. (de *envers*). **1.** *Renverser qqch,* le mettre à l'envers, sens dessus dessous : *Renverser un récipient* (syn. RETOURNER). — **2.** Disposer en sens inverse : *Renverser l'ordre des mots dans une phrase, des termes dans une fraction* (syn. INTERVERTIR). — **3.** Pencher en arrière : *Renverser la tête, la nuque.* — **4.** *Renverser qqn, qqch,* les faire tomber, les jeter par terre : *Renverser un adversaire d'un coup de poing* (syn. ÉTENDRE, TERRASSER). *L'automobiliste a renversé une vieille dame* (syn. FAUCHER). *Le cheval, en se cabrant, a renversé sa cavalière* (syn. DÉSARÇONNER, DÉMONTER). *Renverser des chaises. Le vent a renversé beaucoup d'arbres* (syn. ABATTRE). *Renverser son verre sur la table. Renverser du vin* (syn. RÉPANDRE). — **5.** *Renverser qqn, un gouvernement,* l'obliger à démissionner, provoquer sa chute : *Le président a été renversé et c'est l'armée qui a pris le pouvoir. Renverser un ministère* (= obtenir la démission des ministres composant un gouvernement). — **6.** Fam. *Renverser qqn,* le jeter dans une profonde stupéfaction : *Cette nouvelle m'a renversée.* ◆ ***se renverser*** v. pr. **1.** (sujet qqn) Se pencher fortement en arrière : *Se renverser sur sa chaise.* — **2.** (sujet qqch) Se retourner sens dessus dessous : *Sa voiture s'est renversée dans le fossé* (syn. CAPOTER). *Le voilier s'est renversé* (syn. CHAVIRER).

Häufig wird zur Erklärung eines Wortes eine andere Wortart derselben Wortfamilie benutzt, z. B. das Verb zur Umschreibung des entsprechenden Substantivs. Es ist dann oft notwendig, erst die Bedeutung dieses Wortes zu klären, hier von *renverser*, das als Erklärung von *renversement* angeführt wird. Zum Verständnis reichen, neben dem Hinweis *v. t. (transitives Verb),* die ersten Umschreibungen zusammen mit dem Synonym *retourner (retourner qch.).* Von der Verbbedeutung *etwas umkehren* schließt man auf das Substantiv *Umkehrung*.

Regel 8: Nehmen Sie Wörter derselben Wortfamilie zu Hilfe!

Beispiel 9: repliée (l. 40/41)

replier [rəplije] v. t. **1.** Plier qqch qui avait été déplié : *En repliant cette étoffe, tâchez de la remettre dans les mêmes plis.* — **2.** Ramener en pliant, en recourbant : *Replier le bas de son pantalon* (syn. RETROUSSER). *Replier le coin d'une feuille de papier. Oiseau qui replie ses ailes. Replier une jambe sous l'autre.* — **3.** *Replier une troupe,* la ramener vers une position établie en arrière du contact avec l'ennemi : *Le général a replié les divisions d'une dizaine de kilomètres.* ◆ ***se replier*** v. pr. **1.** Former des plis, des courbes : *Le serpent se replie en tous sens* (syn. SE TORTILLER). — **2.** S'enrouler : *Le chat s'était caché dans un recoin et se repliait sur lui-même* (syn. SE RAMASSER, SE RECROQUEVILLER, SE PELOTONNER). — **3.** (sujet une troupe) Se reporter sur une position établie en arrière : *Comme elles en avaient reçu l'ordre, les premières lignes se sont repliées sur leurs retranchements* (syn. RECULER, BATTRE EN RETRAITE). — **4.** (sujet qqn) *Se replier sur soi-même,* s'isoler du monde extérieur pour réfléchir, méditer (syn. S'ABSTRAIRE, SE RENFERMER).

Die Form *repliée* muss zunächst als *participe passé* des Verbs *replier* identifiziert werden. Eine zusätzliche Schwierigkeit besteht darin, dass sich dieses *participe passé* von der reflexiven Form des Verbs *(se replier)* ableitet. Den Hinweis gibt die präpositionale Konstruktion des Verbs: *se replier sur soi-même.* Die Umschreibung ist leicht zu erschließen: *sich zurückziehen, sich abkapseln.*

Regel 9: Kombinieren Sie mehrere Erschließungswege!

Beispiel 10: contraignant (l. 46/47)

contraignant, e [kɔ̃trɛɲɑ̃] adj. Qui contraint : *Un horaire contraignant. Une occupation contraignante* (syn. ASTREIGNANT).

contraindre [kɔ̃trɛ̃dr] v. t. (lat. *constringere*) [c. 55] (sujet qqn, qqch) *Contraindre qqn à qqch, à (+ inf.),* lui imposer une action, une attitude, un état : *La maladie me contraint au repos* (syn. OBLIGER). *Personne ne t'a contraint à cette démarche. La panne de voiture a contraint les voyageurs à coucher à l'hôtel* (syn. OBLIGER, FORCER). *Je n'ai signé ce papier que contraint et forcé.* ◆ ***se contraindre*** v. pr. (sujet qqn) *Se contraindre à qqch, à (+ inf.),* s'imposer l'obligation de : *Il se contraint à se lever très tôt tous les matins.*

Die als Adjektive verwendeten Partizip-Präsens-Formen sind in der Regel als eigenständige Wörter im Wörterbuch verzeichnet, zum Teil sind sie jedoch unter dem Verb, von dem sie abgeleitet sind, aufgeführt. Gegebenenfalls muss man dann eine Veränderung des Stammkonsonanten berücksichtigen: *contraignant* < *contraindre*. Auch wenn das Adjektiv gesondert vermerkt ist wie in diesem Fall, kann bei der Worterschließung das entsprechende Verb nützlich sein: *zwingen* > *zwingend*.

Regel 10: Schlagen Sie das *participe présent* unter Umständen beim entsprechenden Verb nach!

3 Fragen zum Textverständnis

3.1 Lesen und Verstehen der Fragen

Das genaue Verstehen der Fragen ist erste Voraussetzung einer sinnvollen Textarbeit. Zunächst ist es wichtig, die einzelnen Fragen sehr genau zu lesen und alle sprachlichen Unklarheiten mit dem Wörterbuch zu klären. Durch ungenaues, oberflächliches Lesen läuft man leicht Gefahr, eine Frage nur teilweise zu erfassen oder gar misszuverstehen. Man darf sich nicht verleiten lassen, durch einzelne bekannte Wörter vorschnell auf einen vermeintlichen Sinn der Frage zu schließen, sondern muss den Satz in all seinen – auch unauffälligen – Elementen wahrnehmen (z. B. Verneinung). Sinnvoll ist es auch, die Fragen von Anfang an im Zusammenhang zu betrachten. So können inhaltliche Überschneidungen in den Antworten vermieden werden.

Regel 1: Lesen Sie die Fragen sehr genau und im Zusammenhang!

Die einzelnen Aufgaben sind häufig typischen Aufgaben- bzw. Fragemustern zuzuordnen. Man erkennt sie an sprachlichen Signalen, die deutlich machen, worauf die Aufgabe bzw. Frage zielt.

Erklärung einer Textstelle

Expliquez ...!
Que signifie ...?
Qu'est-ce que ... veut dire?
Qu'est-ce que l'auteur entend par ...?
Quel est le sens de ...?
En quoi consiste ...?

Frage nach dem Grund oder der Voraussetzung

Pourquoi ...?
Pour quelle raison/quelles raisons ...?
Quelle est la cause/quelles sont les causes de ...?
Comment s'explique ...?
Quelle est la condition/quelles sont les conditions de ...?
A quoi est dû (due)/sont du(e)s ...?

Frage nach der Folge

Quelle est la conséquence/quelles sont les conséquences de ...?
Qu'est-ce qui résulte de ...?

Frage nach der Art und Weise

De quelle manière ...?
Comment ...?

Regel 2: Machen Sie sich das Aufgaben- bzw. Fragemuster bewusst!

Schließlich sollte man sich über die Komplexität der Frage Klarheit verschaffen. Es gibt resümierende Fragen, die sich auf eine längere Textstelle oder mehrere Passagen im Text beziehen, und Fragen, die auf Einzelaspekte gerichtet sind.
Ein erstes Indiz ist die Bepunktung: je höher die Punktezahl, desto komplexer die Frage.
Auch die Formulierung (Grammatik) kann Aufschluss über die Struktur der Frage geben, z. B.: *pour quelle raison – pour quelles raisons*. Bei Pluralformulierungen sind immer mehrere Aspekte angesprochen, auch Pro-Contra-Fragestellungen oder Vergleiche sind möglich.

Regel 3: Erkennen Sie die Komplexität der Frage!

3.2 Auffinden der Textstelle

Im zweiten Schritt gilt es, den Bezug zwischen Frage und Text herzustellen. Die Textstellen, auf die sich die einzelnen Fragen beziehen, werden mit einem Leuchtstift markiert oder unterstrichen.

Hier einige Tips, die das Auffinden der Antwortstellen im Text erleichtern:

- Am einfachsten ist es, wenn in der Frage durch eine Zeilenangabe auf die entsprechende Textstelle verwiesen wird. Wichtig ist es aber auch hier, den Kontext zu beachten.
- Häufig tauchen in der Frage einzelne Wörter oder Ausdrücke auf, die dem Text entnommen sind. Anhand solcher Signalwörter kann die Textstelle identifiziert werden.
- In der Regel entspricht die Reihenfolge der Fragen der Chronologie des Textes. Man kann also dem Text folgen, um die Antwortstelle zu finden. (Achtung bei resümierenden Fragen!) Eine Textstelle wird nur einmal abgefragt. Inhaltliche Überschneidungen darf es nicht geben.

Regel 4: Beachten Sie in der Frage die sachlichen und sprachlichen Verweise auf den Text!

Regel 5: Bearbeiten Sie die Fragen in der vorgegebenen Reihenfolge!

3.3 Beispiele: Modelltext 1

Les régions qui bougent

Même si la région parisienne conserve encore une place prépondérante dans la géographie française, le contraste que l'on pouvait souligner il y a trente ans entre «Paris et le désert français» tend à s'effacer.

Jusqu'à la dernière Guerre mondiale, on opposait encore volontiers la vie de province à celle de la capitale. Le jeune provincial qui ne «montait» pas à Paris pour y faire carrière était condamné à végéter sur place dans des postes et des fonctions subalternes. Héritage de plusieurs siècles de centralisation durant lesquels la Ville-Lumière avait pompé les forces vives du pays.

Cette image est aujourd'hui périmée. Depuis le milieu du siècle, le développement accéléré des médias a tiré les régions de leur isolement, le progrès des transports permet des liaisons aller et retour dans la même journée entre toutes les grandes villes de France. Au regard de Paris, où les déplacements dévorent le temps de chacun, où l'existence est trépidante, on se prend à goûter le charme des villes moyennes et de leur environnement proche, où l'on peut retrouver une certaine «qualité de la vie», même si les problèmes d'emploi s'y posent souvent d'une façon aiguë.

A un exode rural massif commence même à succéder, sous l'influence des idées écologistes, une manière de retour à la terre. Ce renversement qui se dessine en France dans les flux démographiques a été favorisé par d'autres facteurs plus profonds. Tout d'abord la Ve République a entrepris un vaste effort de décentralisation dans différents domaines: déconcentration administrative, économique, industrielle et culturelle. Mais ce qui a joué plus encore en faveur de ce renversement de situation, c'est la prise de conscience des identités régionales, du «droit à la différence», de la richesse du patrimoine national dans sa diversité même.

Ainsi, à l'image d'une province statique et repliée sur elle-même s'est substituée celle d'une province qui bouge et aussi celle d'une France qui se déplace. Le développement des congés dans toutes les classes sociales, le besoin croissant d'évasion, contrepartie nécessaire de la vie urbaine et d'un travail de plus en plus contraignant, multiplient les échanges entre la grande ville et la province. Le tourisme, le camping, les sports d'été et d'hiver, mais aussi les festivals et manifestations de toutes sortes favorisent brassages et rencontres.

Avec la décentralisation désormais effective, la «province» a son sort en main. C'est d'elle que dépendent la mise en place et la réussite d'une véritable régionalisation, et donc la modernisation du pays.

d'après: Guy Michaud, Alain Kimmel: Le nouveau Guide France, Paris, Hachette 1992, p. 58-59.

Questions sur le texte

1. Expliquez la phrase suivante: «... le contraste que l'on pouvait souligner il y a trente ans entre Paris et le désert français tend à s'effacer.» (l. 2–4) 10
2. Pourquoi était-il si important autrefois de «monter» (l. 7) à Paris? 10
3. Quels sont les atouts et les problèmes des villes moyennes par rapport à Paris? 20
4. En quoi consiste le renversement dont parle l'auteur? A quels facteurs est-il dû? 20
5. Comment l'image de la province française a-t-elle changé? 10
6. De quelle manière la société moderne favorise-t-elle les rencontres entre citadins et provinciaux? 20

Anleitung zum Auffinden der richtigen Textstelle und zum Erkennen der Komplexität der Frage

1. Durch die Zeilenangabe bereitet das Auffinden der entsprechenden Textstelle keine Schwierigkeit.
   Markieren Sie Z. 2–4.

2. Der Ausdruck *monter à Paris* in der Frage verweist auf die Zeile 7 im Text. Gefragt ist nach einem Grund *(Pourquoi ...?)*.
   Markieren Sie: *Le jeune provincial ... fonctions subalternes.* (Z. 6–8)

3. Ein erster Hinweis auf die Komplexität der Frage ist die Punktezahl (20 Punkte). Sie wird unterstrichen durch die Pluralformen und die Pro-Contra-Fragestellung *(les atouts et les problèmes)*. Dazu kommt die Gegenüberstellung von *villes moyennes* und *Paris*. Der Ausdruck *villes moyennes* führt zudem direkt auf die zu bearbeitende Textstelle hin (Z. 17).
   Markieren Sie: *Au regard de ... d'une façon aiguë.* (Z. 15–19)

4. Auch diese Frage ist komplex (20 Punkte und zweiteilige Fragestellung). Das Wort *renversement* verweist auf den vierten Abschnitt. Es kommt im Text übrigens zweimal vor (Z. 21/22 und Z. 27). Der erste Teil der Frage verlangt eine Erklärung *(En quoi consiste ...)*. Der zweite Teil zielt auf die Begründung *(... est-il dû)* und spricht mehrere Aspekte an *(quels facteurs)*.
   Markieren Sie den vierten Abschnitt (Z. 20–29).

5. Dass die Frage zwei gegenteilige Aspekte beinhaltet, ergibt sich hier nicht aus der Struktur, sondern aus der Wortbedeutung von *changer*. Gefragt ist also nach dem Vorher und Nachher.
Markieren Sie: *Ainsi ... se déplace* (Z. 30–32).

6. Die letzte Frage kann sich nur noch auf den Schluss des Textes ab Zeile 32 beziehen. Das Wort *rencontres* (Z. 38) verweist auf den zweiten Teil des vorletzten Abschnitts. Inhaltlich ist die Frage komplex (daher auch 20 Punkte), weil ausgehend von dem Überbegriff *société moderne* mehrere Einzelaspekte erkannt werden müssen.
Markieren Sie Z. 32–38.

4 Formulieren der Antwort

4.1 Allgemeine Tipps

Die Antworten auf die Fragen zum Text müssen selbstständig formuliert werden. Wörtliche Übernahmen aus dem Text können sprachlich nicht bewertet werden und sind daher unbedingt zu vermeiden.
Zu eigenständigen Formulierungen gelangt man am besten, wenn man sich die Aussage der entsprechenden Textstelle klarmacht, sich dann vom Text löst und versucht, diese Aussage mit eigenen Worten wiederzugeben. Sprachliche Vereinfachungen sind dabei durchaus zulässig. Wichtig ist, dass der Sinn klar erfasst und der neu formulierte Satz sprachlich korrekt ist.
Falls die globale Umformulierung Schwierigkeiten bereitet, kann man bei einzelnen Ausdrücken ansetzen. Folgende Tipps können weiterhelfen:

- Häufig sind einzelne Wörter durch Synonyme oder Ausdrücke mit verwandter Bedeutung ersetzbar. Man kann auch Antonyme verwenden, indem man sie verneint.
- Was im Text nominal (mit Substantiv) ausgedrückt ist, kann im eigenen Satz verbal wiedergegeben werden, oder umgekehrt (Wortfamilie). Beispiele: *tendre à – tendance* (s. Text S. 16, Frage 1), *évasion – s'évader* (s. Text S. 16, Frage 6) oder *jeu – jouer; disparaître – disparition; diminuer – diminution* etc. Der Wechsel von einer Wortart zur anderen kann sich auch auf andere Wortarten beziehen, z. B. Wechsel von Adjektiv zum Verb bzw. zum Substantiv. Beispiel: *contraignant – contraindre – contrainte* (s. Text S. 16, Frage 6).
- Aufzählungen konkreter Einzelbegriffe im Text können in der eigenen Darstellung durch einen entsprechenden Ober- oder Sammelbegriff zusammengefasst werden. Beispiele: *le train, le métro, le bus → les transports en commun; le tourisme, le camping, les sports d'été et d'hiver → activités touristiques et sportives* (s. Text S. 16, Frage 6).

4.2 Das einsprachige Wörterbuch als Formulierungshilfe

Beim Auffinden von Synonymen oder Antonymen und bei den Wortfamilien kann natürlich das einsprachige Wörterbuch zu Hilfe genommen werden. Es bietet darüber hinaus eine Fülle von Informationen, die das eigenständige Formulieren erleichtern und sprachliche Korrektheit fördern.

- Für viele Ausdrücke sind Erklärungen und Umschreibungen angeführt, die als Formulierungsmöglichkeit dienen können.
- Häufig kann man das gefundene Substantiv nicht im Satzzusammenhang verwenden, weil das entsprechende Verb fehlt. Auch solche typischen, häufig wiederkehrenden Wortverbindungen (Kollokationen) findet man im Wörterbuch. Beispiele: *problème – résoudre un problème; besoin – avoir besoin de, éprouver un besoin.*
- Beispielsätze und Kollokationen geben zugleich Aufschluss über die grammatische Struktur. Beispiel: *confiance – avoir confiance en qn/dans qc., faire confiance à …*
- Bei den Verben informiert das Lexikon auch über Konstruktion (mit direktem oder indirektem Objekt, mit Präposition) und Konjugation (Liste der unregelmäßigen Verben am Anfang oder Ende des Wörterbuchs).

4.3 Verknüpfen von Einzelaussagen

Bei komplexen Fragen kommt es darauf an, die einzelnen Aspekte logisch miteinander zu verknüpfen. Je nachdem, ob es sich um eine einfache **Reihung von Argumenten,** einen **Gegensatz,** eine **Begründung** oder eine **Folge** handelt, bieten sich folgende Verknüpfungswörter an:

Reihung von Argumenten

premièrement	erstens
en premier lieu	an erster Stelle
(tout) d'abord	zunächst
deuxièmement	zweitens
puis/ensuite	dann/danach
de plus/en plus	(noch) dazu
en outre	darüber hinaus
par ailleurs	überdies, zudem
à part cela	davon abgesehen
enfin/finalement	schließlich

Gegensatz

mais	aber
par contre	dagegen
au contraire	im Gegenteil
au contraire de/contrairement à	im Gegensatz zu
à la différence de	im Unterschied zu
pourtant	jedoch
cependant	dennoch, doch
d'une part – d'autre part/d'un côté – de l'autre	einerseits – andererseits

Begründung

ainsi	so, also, folglich
à cause de cela/pour cette raison	aus diesem Grund/deswegen
c'est pourquoi/c'est la raison pour laquelle	deshalb
c'est que	so deshalb, weil

Folge

donc	also, folglich
par conséquent	folglich, infolgedessen
il en résulte que/il s'ensuit que ...	daraus folgt, dass ...
bref	kurz (gesagt)
en résumé	zusammenfassend
en conclusion	als Schlussfolgerung

4.4 Beispiele

Im Folgenden formulieren wir Antworten auf die Fragen zum Beispieltext (Text S. 16, Fragen S. 17).

1. Der zu erklärende Satz enthält folgende gedankliche Elemente, die in der Antwort auftauchen und umformuliert werden müssen:
- *il y a trente ans*
- *le contraste entre Paris et le désert français*
- *tend à s'effacer*

Lösungsvorschlag:
Au cours des trente dernières années, la relation entre la capitale et la province française a changé; le déséquilibre constaté autrefois est en train de disparaître.

2. Die Antwort auf die Frage, warum sich früher der junge Provinzler in Paris niederlassen musste *(monter à Paris)*, umfasst zwei eng aufeinander bezogene Aspekte:
- *pour y faire carrière*
- *condamné à végéter sur place*

Lösungsvorschlag:
Autrefois, il était indispensable de s'installer à Paris si on voulait réussir. Le jeune qui restait en province devait se contenter d'un emploi médiocre.

3. Die Fragestellung enthält zwei Gegensatzpaare: *les atouts – les problèmes* und *des villes moyennes – Paris,* wobei Paris nur zwei negative Aspekte, den Kleinstädten mehrere eng zusammengehörende positive Aspekte und ein negativer Punkt zugeordnet sind:
- *Paris: déplacements, existence trépidante*
- *villes moyennes: charme des villes et de leur environnement, qualité de la vie, problèmes d'emploi*

Lösungsvorschlag:
Comparées à Paris, où la vie quotidienne est très stressante et où on passe chaque jour des heures à se déplacer, les villes moyennes offrent des avantages considérables: la vie y est plus calme et agréable; en plus, on peut se reposer dans les environs. Mais d'autre part, le taux de chômage y est beaucoup plus élevé que dans la capitale.

4. In dieser Doppelfrage ist auf folgende Aspekte einzugehen:
- *explication de 'renversement': retour à la terre*
- *causes: idées écologistes, décentralisation, prise de conscience régionale*

Lösungsvorschlag:
Au lieu de quitter la province pour s'installer dans les grandes villes, les Français sont de plus en plus nombreux à apprécier la vie en dehors des grands centres urbains. Les causes de cette tendance récente sont nombreuses. D'abord, c'est le mouvement écologiste qui en est en partie responsable; ensuite c'est la politique de la régionalistion qui a augmenté les compétences des régions. Mais le facteur décisif est le sentiment d'appartenance à la région. On est désormais fier de ses origines et de sa riche culture régionale.

5. Diese Frage zielt auf die Veränderung in der Einschätzung der Provinz: früheres Bild und heutiges Bild müssen einander gegenübergestellt werden:
- *autrefois: une province statique et repliée sur elle-même*
- *aujourd'hui: une province qui bouge (et une France qui se déplace)*

Lösungsvorschlag:
Autrefois, on considérait la province comme immobile et figée dans son isolement. Aujourd'hui, par contre, elle semble être pleine de dynamisme (à l'intérieur d'une France devenue elle aussi plus mobile).

6. Hier ist nach den Gründen für die Annäherung zwischen Städtern und Provinzlern gefragt. Im Text ist die Rede von
- *congés dans toutes les classes sociales*
- *besoin croissant d'évasion (des citadins)*
- *tourisme, camping, sports*
- *festivals et manifestations de toutes sortes.*

Lösungsvorschlag:
L'un des acquis de la société moderne sont les vacances payées auxquelles tous les salariés ont droit. Les contraintes de la vie dans les grandes villes créent un besoin de s'évader, de quitter le train-train quotidien et de chercher le calme de la province. Grâce aux installations touristiques et aux activités sportives, citadins et provinciaux se rencontrent de plus en plus souvent. En outre, les nombreuses manifestations culturelles encouragent les contacts entre la grande ville et la province.

5 Kommentieren von Texten (Commentaire de texte)

Unter *Questions sur le texte* sind in der Regel zwei Aufgabentypen vertreten: *Compréhension du texte* mit Fragen, die das Textverständnis betreffen, und *Commentaire de texte* mit Fragen, die über die rein inhaltliche Wiedergabe des Textes hinausgehen und eine Interpretation verlangen. Häufig beziehen sich die *Commentaire-de-texte*-Fragen auf einzelne Textstellen, die im Kontext gedeutet werden sollen, z. B. Metaphern, die aufzulösen und zu erklären sind. Darüber hinaus gibt es grundsätzliche Fragestellungen, die immer wieder auftauchen. Sie betreffen vor allem den **Aufbau des Textes, Sprache und Stilmittel** und die **Intention des Autors.**

5.1 Aufbau des Textes

Hierher gehören Fragen nach dem **Gesamtaufbau des Textes,** der **Argumentationsstruktur,** nach **Titel, Einleitung** und **Schluss.**
Folgende Redewendungen helfen, die entsprechenden Antworten zu formulieren:

Combien de parties le texte comprend-il?	
on peut distinguer deux parties principales	man kann zwei Hauptteile unterscheiden
le texte se divise/est divisé en trois parties	der Text gliedert sich in drei Teile/ist in drei Teile untergliedert
le texte se compose de plusieurs parties	der Text setzt sich aus mehreren Teilen zusammen
la première partie occupe les deux premiers paragraphes	der erste Teil umfasst die zwei ersten Abschnitte

Analysez la composition/l'argumentation du texte.

la composition est claire/logique/serrée/équilibrée	der Aufbau ist klar/logisch/streng/ausgewogen
l'argumentation est contradictoire/antithétique/dialectique	die Argumentation ist widersprüchlich/antithetisch/dialektisch
l'enchaînement des idées se dégage facilement/difficilement	die Verknüpfung der Gedanken ist leicht/schwer erkennbar
dans la partie principale l'auteur pèse le pour et le contre	im Hauptteil wägt der Autor das Für und Wider ab
dans les arguments on peut constater une gradation	bei den Argumenten kann man eine Steigerung feststellen

Expliquez et commentez le choix du titre.

le titre indique déjà le sujet	der Titel zeigt schon das Thema an
le titre fait allusion à/au problème de ...	der Titel spielt auf ... an/auf das Problem ... an
le titre éveille/excite la curiosité du lecteur	der Titel weckt/erregt die Neugier des Lesers

Quelle est la fonction du premier paragraphe du texte? Commentez la manière dont l'auteur commence son article/introduit le sujet.

le premier paragraphe sert d'introduction au problème	der erste Abschnitt dient als Einführung ins Problem
l'introduction présente l'idée principale	die Einleitung legt den Grundgedanken dar
l'introduction attire l'attention du lecteur sur ...	die Einleitung lenkt die Aufmerksamkeit des Lesers auf ...

Comment l'auteur termine-t-il son texte? Quelle est la fonction du dernier paragraphe?

dans le dernier paragraphe l'auteur résume les principaux points	im letzten Absatz fasst der Autor die Hauptpunkte zusammen
il fait/donne un bref résumé/bilan de ...	er gibt eine kurze Zusammenfassung/Schlussbilanz von ...
dans la conclusion l'auteur prend position	im Schluss(teil) nimmt der Autor Stellung
la conclusion consiste en une prise de position très personnelle	der Schluss besteht aus einer sehr persönlichen Stellungnahme

5.2 Sprache und Stil

In den *Commentaire-de-texte*-Fragen geht es sehr häufig auch um die Sprache des Textes. Man kann aufgefordert sein, die **Sprache allgemein** zu charakterisieren oder auf einzelne **Stilmittel** und deren Wirkung einzugehen.

Caractérisez la langue du texte/la langue qu'emploie l'auteur.

la langue du texte est claire/sèche/abstraite/émotionnelle/expressive/saisissante	die Sprache des Textes ist klar/trocken/abstrakt/gefühlsbetont/ausdrucksstark/ergreifend
l'auteur utilise une langue soutenue/littéraire/poétique/ la langue courante/familière/populaire	der Autor benützt eine gehobene/literarische/poetische Sprache/ Alltagssprache/Umgangssprache/volkstümliche Sprache
le texte est riche en expressions scientifiques/en termes techniques/en images/en expressions métaphoriques	der Text ist reich an wissenschaftlichen Ausdrücken/an Fachausdrücken/an Bildern/an bildhaften Ausdrücken
le texte est caractéristique/typique du langage journalistique	der Text ist charakteristisch/typisch für die Journalistensprache

Quels sont les principaux procédés de style? Quelle est leur fonction/ quel est leur effet?

l'antithèse (f.) (Antithese)
définition: opposition de deux pensées ou de deux expressions
exemple: *Car le jeune homme est beau, mais le vieillard est grand.* (Hugo)
effet: faire mieux ressortir le contraste

la comparaison (Vergleich)
définition: action de comparer pour chercher des ressemblances et des différences
exemple: *se faire traiter comme un chien; blanc comme neige*
effet: rendre un texte plus vivant

l'ellipse (f.) (Ellipse)
définition: phrase incomplète, omission syntactique
exemple: *chacun son tour > chacun doit agir à son tour*
effet: rendre une expression plus courte, moins lourde; la rapprocher de la langue parlée

l'énumération (f.) (Aufzählung)
définition: action d'énoncer un à un les éléments d'un ensemble
exemple: *hommes, femmes, vieillards, enfants ...*
effet: mettre l'accent sur les détails, souvent pour obtenir une gradation

l'exagération (f.) ou **l'hyperbole** (f.) (Übertreibung)
définition: action de présenter qc comme plus grand, plus important qu'il n'est en réalité
exemple: *verser des torrents de larmes*
effet: frapper l'esprit, mettre en relief une idée

la gradation (Steigerung)
définition: énumération de mots dont l'intensité progresse
exemple: *Il a tout perdu, son emploi, sa maison, sa famille.*
effet: intensifier/renforcer une idée

l'ironie (f.) (Ironie)
définition: manière de se moquer en disant le contraire de ce que l'on veut exprimer
exemple: (nur im Kontext erkennbar)
effet: produire un effet de surprise, créer une certaine distance

la métaphore (Metapher)
définition: image, expression concrète qui traduit une idée abstraite
exemple: *la source du mal; le printemps de la vie*
effet: illustrer une idée, la rendre plus concrète/plus vivante

la mise en relief (Hervorhebung)
définition: action de mettre en évidence, d'accentuer
exemple: *C'est demain que je vais à Paris.*
effet: faire ressortir un détail

le paradoxe (Paradox)
définition: qui est en contradiction avec la logique, proposition contraire à l'opinion commune
exemple: *la victoire du plus faible*
effet: créer un effet de surprise, parfois de choc

la personnification (Personifizierung)
définition: le fait d'attribuer à une chose inanimée les caractéristiques d'une personne
exemple: *une confiance aveugle*
effet: rendre un texte plus vivant

la question rhétorique (rhetorische Frage)
définition: question qui est en réalité une proposition affirmative et qui ne demande pas de réponse
exemple: *Ne sommes-nous pas capables de ...?*
effet: inciter le lecteur à partager les réflexions de l'auteur

le symbole (Symbol)
définition: représentation d'une notion abstraite
exemple: *la colombe = symbole de la paix*
effet: illustrer une idée

5.3 Intention des Autors

Um die Intention (Aussageabsicht) des Autors zu erfassen, unterscheiden wir grundsätzlich:

- textes descriptifs
- textes d'opinion
- textes d'appel.

Innerhalb dieser Textarten (die allerdings selten in reiner Form auftreten) umschreiben wir im Folgenden jeweils, welche Tätigkeit der Autor ausführt (activité de l'auteur) und was er beabsichtigt (intention de l'auteur).

Textes descriptifs sind Sachtexte, d. h. beschreibend-informative Texte, bei denen die Sache, das Problem im Vordergrund steht.

activité de l'auteur	
l'auteur donne une description exacte/objective de ...	er gibt eine genaue/objektive Beschreibung von ...
il décrit/dépeint/explique/expose/présente	er beschreibt/schildert/erklärt/legt dar/stellt vor
il donne/apporte au lecteur des informations/renseignements sur ...	er gibt/liefert dem Leser Informationen/Auskünfte über ...
il donne une vue d'ensemble de ...	er gibt einen Überblick über ...
intention	
il veut informer le lecteur de .../renseigner le lecteur sur ...	er will den Leser informieren/unterrichten über ...
il veut analyser le problème	er will das Problem näher untersuchen
il veut examiner qc sous plusieurs aspects	er möchte etwas unter verschiedenen Gesichtspunkten untersuchen
il veut attirer l'attention du lecteur sur ...	er will die Aufmerksamkeit des Lesers auf ... lenken

Textes d'opinion sind argumentative Texte, die die subjektive Meinung des Autors zum Ausdruck bringen.

activité de l'auteur	
il pense que/trouve que/croit que ...	er meint/findet/glaubt, dass ...
il expose son avis sur ...	er legt seine Meinung über ... dar
il souligne/met en relief que ...	er unterstreicht/hebt hervor, dass ...
il approuve/préconise qc	er billigt/befürwortet etwas
il prend parti pour ...	er ergreift Partei für ...
il est partisan de ...	er ist Anhänger von ...
il défend qn/qc contre ...	er verteidigt jemand/etwas gegen ...
il se range du côté de ...	er stellt sich auf die Seite von ...
il sympathise/se solidarise avec ...	er sympathisiert/solidarisiert sich mit ...
il n'est pas d'accord avec ...	er ist nicht einverstanden mit ...
il critique qc/le fait que ...	er kritisiert etwas/(die Tatsache), dass ...
il désapprouve/il attaque qc	er missbilligt etwas/greift etwas an
il prend parti contre ...	er ergreift Partei gegen ...
il rejette l'idée que ...	er verwirft den Gedanken, dass ...
il ne partage pas l'opinion que ...	er teilt nicht die Meinung, dass ...
il reproche qc à qn	er wirft jemandem etwas vor

intention	
il veut sensibiliser le lecteur au problème de ...	er will den Leser für das Problem des (der) ... empfänglich machen
il veut présenter son point de vue	er will seinen Standpunkt darlegen
il veut justifier son opinion	er will seine Meinung rechtfertigen
il veut amener le lecteur à adopter son opinion	er will den Leser dazu veranlassen, seine Meinung zu übernehmen

Textes d'appel sind appellative Texte, d. h. Texte, die sich direkt an den Leser wenden und ihn zu einer Reaktion auffordern. (Die Grenzen zwischen *textes d'opinion* und *textes d'appel* sind oft fließend.)

activité de l'auteur	
il s'adresse directement au lecteur	er wendet sich direkt an den Leser
il fait appel à la raison/à la responsablité du lecteur	er appelliert an die Vernunft/die Verantwortung des Lesers
il emploie des impératifs/des exclamations/des questions rhétoriques	er verwendet Imperative/Ausrufe/ rhetorische Fragen
intention	
il veut convaincre/persuader le lecteur	er möchte den Leser überzeugen/ überreden
il veut l'influencer/le manipuler	er möchte ihn beeinflussen/ manipulieren
il veut inciter/encourager le lecteur à ...	er möchte den Leser anregen/ ermutigen zu ...
son but est de faire agir le lecteur	sein Ziel ist es, den Leser zum Handeln zu bewegen

5.4 Persönliche Stellungnahme zum Text

Manchmal wird man in den *Commentaire-de-texte*-Fragen aufgefordert, zu einem Text bzw. zu einzelnen Argumenten Stellung zu nehmen. Auch hierzu einige Formulierungshilfen:

Persönliche Stellungnahme

je partage/ne partage pas l'opinion de l'auteur	ich teile/teile nicht die Meinung des Autors
je pense que l'auteur juge objectivement/trop subjectivement la situation	ich finde, dass der Autor die Situation objektiv/zu subjektiv sieht
à mon avis, il se montre partial/impartial	meiner Meinung nach zeigt er sich parteiisch/unparteiisch
je trouve son argumentation convaincante/logique/peu claire/trop abstraite	ich finde seine Argumentation überzeugend/logisch/unklar/zu abstrakt
je trouve que l'opinion de l'auteur est discutable/incompatible avec le fait que ...	ich finde, dass die Meinung des Autors anfechtbar/mit der Tatsache unvereinbar ist, dass ...
en résumé je dirais que l'auteur traite le problème d'une manière trop subjective/qu'il simplifie/minimise le problème/qu'il exagère le problème	zusammenfassend würde ich sagen, dass der Autor das Problem zu subjektiv behandelt/dass er das Problem vereinfacht/verharmlost/dass er das Problem übertreibt

5.5 Beispiele: Modelltext 2

Parlons de la drogue!

Mon fils est mort, il y a presque trois mois, de la drogue. Une rechute au moment où il essayait de s'en sortir. Deux autres garçons que je connaissais, 29 - 30 ans, ont suivi le même chemin, tous plutôt intelligents et ayant déjà fait quelque chose de leur vie. Va-t-on continuer à se taire? Est-ce que les parents ne vont pas se décider à parler plus et plus encore? Est-ce que tous les journaux de droite ou de gauche ne vont pas se décider à ouvrir une colonne pour ceux qui n'ont encore rien dit, ceux qui ont honte ou sont désespérés?

Nous sommes tous désespérés mais vivants et nos enfants sont morts, eux qui voulaient vivre d'une autre façon. Il en meurt chaque jour dans le monde entier, on pense toujours que ce sont les autres parce que les nôtres sont comme ci ou comme ça, qu'ils sont aimés, qu'ils travaillent, qu'ils n'ont pas le genre, mais maintenant il n'y a plus «le genre» et c'est seulement quand on est touché qu'on mesure autour de soi l'étendue du désastre.

C'est vrai, c'est une maladie de l'âme, mais parlons pour que tout soit mis en œuvre pour neutraliser ceux qui en facilitent le déclenchement, je parle de ceux qui en vendent et n'en prennent pas. Il faudrait une internationale parentale antidrogue et une réhabilitation de la communication.

Je voudrais que les parents écrivent le calvaire de leurs enfants qui devient leur calvaire à eux. Qu'ils disent ce qu'est une crise de manque. L'inquiétude à chaque coup de téléphone, à chaque visite de copains, ce que c'est que de se lever la nuit, de le faire marcher pour qu'il dorme sans dépasser la dose de calmants, de le prendre dans son lit pour le sécuriser, de peser ses paroles, de ne pas répondre à ses provocations pour maintenir la communication, et ce que c'est que de vivre chaque instant, je dis bien chaque instant, avec cette pensée, «la drogue».

C'est vrai, chacun est libre de son corps. Mais n'oubliez pas: ces enfants veulent vivre, seulement leur recherche est un piège. Parlons, ne faussons pas les statistiques, pour que tous ceux qui travaillent sur ce problème, officiellement ou bénévolement, soient aidés plus encore, que les mots «drogues douces» ne soient plus utilisés: tous ceux qui sont morts ont commencé par ça. S'il vous plaît, c'est grave.

Jacqueline Leroux, dans Le Nouvel Observateur 1984

Questions sur le texte: Commentaire de texte

1. Caractérisez la langue du texte.
2. Dans quelle intention Jacqueline Leroux a-t-elle écrit cette lettre?
3. Par quels procédés de style fait-elle ressortir son intention?

Lösungsvorschläge

1. *Le texte est une lettre publiée dans le «courrier des lecteurs» d'un grand magazine. Par conséquent, il est écrit sur un ton très personnel. La femme y exprime ses sentiments provoqués par la mort de son fils. Elle se sert d'une langue très émotionnelle, d'un vocabulaire très expressif: «désespérés» (l. 8 et 9), «désastre» (l. 15), «maladie de l'âme» (l. 16), «calvaire» (l. 21 et 22).*

2. *Jacqueline Leroux s'adresse directement au lecteur pour lui faire comprendre ses souffrances subies par la maladie et la mort de son fils toxicomane. Elle veut sensibiliser et secouer tous ceux qui pourraient être dans la même situation; elle fait appel aux autres parents et aux médias pour ne plus se taire face à un problème si grave.*

3. *Les procédés de style qu'elle utilise correspondent à son état d'âme et mettent en relief son intention. Dans le premier paragraphe elle emploie trois questions rhétoriques qu'elle renforce encore par la répétition («Est-ce que ... ne vont pas») pour convaincre le lecteur de l'urgence de son problème. Ensuite plusieurs antithèses opposant la vie et la mort («vivants» – «morts», «vivre» – «meurt» – «les autres» – «les nôtres») soulignent la gravité de son expérience personnelle. La mise en relief dans le même passage («c'est seulement ... qu'on mesure») fait ressortir une fois de plus cette idée. Pour montrer l'angoisse permanente dans laquelle vivent les parents d'enfants drogués, elle énumère les différentes étapes de la peur auxquelles ceux-là sont exposés. Les structures parallèles et les répétitions servent à intensifier la description de leur souffrance (4e paragraphe). A la fin de sa lettre, Jacqueline Leroux a – comme c'était déjà le cas dans le titre – recours aux impératifs («parlons», «ne faussons pas») pour insister encore une fois sur sa demande qui aboutit à un appel ardent: «S'il vous plaît ...»*

6 Freie Textproduktion (Commentaire personnel)

6.1 Themenauswahl, Gliederung und Argumentation

Für den *commentaire personnel* stehen in der Regel mehrere Themen zur Auswahl, die demselben Themenkomplex entnommen sind. Um für sich selbst die beste **Auswahl treffen** zu können, ist es notwendig, die Fragen nicht nur zu überfliegen, sondern sehr genau zu lesen und gegebenenfalls Verständnisschwierigkeiten mit dem Lexikon zu klären. Wie bei den Fragen zum Text sollte man sich vor der konkreten Entscheidung bewusst machen, worauf die Frage zielt, ob es sich um eine einteilige oder mehrteilige Frage handelt, ob es gilt, ein Für und Wider abzuwägen, ob man sich mit Ursachen oder Gründen auseinanderzusetzen hat oder die Folgen eines Problems erörtern soll. Manchmal ist die Fragestellung als Zitat formuliert und entspricht nicht den bekannten Fragemustern.

Hat man sich für ein Thema entschieden und ist sich über die Aufgabenstellung klar geworden, sollte man sich nicht gleich ans Schreiben machen, sondern erst seine Ideen sammeln und ordnen. In der **Stoffsammlung** hält man stichpunktartig und ungeordnet fest, was einem an Argumenten zum Thema einfällt. Entscheidend ist hier, von vornherein französisch zu formulieren und nicht den Umweg über die Übersetzung vom Deutschen ins Französische zu wählen. Dieser Schritt ist auch wichtig um zu überprüfen, ob man für die Behandlung des gewählten Themas nicht nur die notwendigen Ideen hat, sondern auch über die entsprechenden Formulierungsmöglichkeiten verfügt.

Von der Stoffsammlung ausgehend unternimmt man in einem zweiten Schritt die **Gliederung** der Argumente, die schriftlich notiert werden soll. Ein *commentaire personnel* ist in der Regel in drei Teile gegliedert, **Einleitung, Hauptteil** und **Schluss.** Der Hauptteil selbst ist entweder linear aufgebaut, wobei man in der Argumentation eine **Steigerung** deutlich machen soll von den weniger wichtigen zu den wichtigen Argumenten. Oder er ist **dialektisch** angelegt, wenn es sich um eine Pro-Contra-Frage handelt oder man Vor- und Nachteile einer Sache abwägt, um bei einem komplexen Problem zu einer persönlichen Stellungnahme zu gelangen.

Die **Argumentation** selbst muss mehrere, klar getrennte Argumente (im Leistungskurs mindestens vier) enthalten, die logisch entwickelt werden, sich nicht überschneiden und nicht widersprechen. Vom Umfang und von der Gewichtung her sollten die Argumente ausgewogen sein. Um den Leser zu überzeugen, ist auch Anschaulichkeit notwendig, d. h. Aussagen sollen begründet und durch Beispiele illustriert werden.

6.2 Sprachliche Ausführung

Im *commentaire personnel* muss themengebunden argumentiert werden, was Kenntnisse in speziellen Wortschatzbereichen erfordert. Darüber hinaus gibt es Redewendungen und sprachliche Versatzstücke, die themenunabhängig sind und in den unterschiedlichsten Argumentationszusammenhängen eingesetzt werden können. Diese Wendungen sind als allgemeine Formulierungshilfe nützlich, sollten aber nicht mechanisch verwendet werden, da sie die Ausführungen sonst sehr künstlich erscheinen lassen. Sie ersetzen nicht den jeweils notwendigen Themenwortschatz und die eigenständige sprachliche Darstellung.
Vorgefertigte sprachliche Muster lassen sich vor allem einsetzen zur Formulierung von **Einleitungs- und Schlussgedanken,** zur **Verknüpfung von Argumenten** und zur **Darstellung des persönlichen Standpunkts.**

Einleitungsformeln

dans les médias on parle beaucoup en ce moment de ...	in den Medien spricht man im Moment viel über ...
une enquête récente montre que ...	eine kürzlich erstellte Umfrage zeigt, dass ...
il ne se passe pas de jour sans que ... (+ subj.)	es vergeht kein Tag, ohne dass ...
dans un proche avenir il sera question de revoir le problème de ...	in naher Zukunft muss man das Problem ... neu überdenken
la catastrophe de ... a de nouveau mis en lumière les problèmes posés par ...	die Katastrophe ... hat von neuem die Probleme aufgezeigt, die sich durch ... stellen
face à (tel ou tel problème) je me demande si .../je me pose la question de savoir si ...	angesichts (dieses oder jenes Problems) frage ich mich, ob ...
pour traiter le problème à fond il faut le regarder sous plusieurs angles	um dem Problem auf den Grund zu gehen, muss man es unter mehreren Gesichtspunkten betrachten
pour trouver une réponse à cette question il faut peser le pour et le contre	um eine Antwort auf diese Frage zu finden, muss man das Für und Wider abwägen
il faut voir les côtés positifs et négatifs	man muss die positiven und negativen Seiten sehen
il faut présenter les avantages et les inconvénients	man muss die Vorteile und Nachteile darlegen

Schlussformeln

il en résulte que ...	daraus folgt, dass ...
en résumé on peut dire que ...	als Schlussfolgerung kann man sagen, dass ...
pour conclure je dirais que ...	zum Schluss möchte ich sagen, dass ...
on voit par ce qui précède que ...	aus dem, was vorangeht, sieht man, dass ...
après avoir pesé le pour et le contre je dirais que ...	nachdem ich das Für und Wider abgewägt habe, möchte ich sagen, dass ...
pour terminer j'aimerais souligner que ...	um abzuschließen, möchte ich unterstreichen, dass ...

Überleitungsformeln
(s. auch die Verknüpfungswörter und -formeln S. 21)

commençons par ...	beginnen wir mit ...
à cela s'ajoute le fait que ...	dazu kommt, dass ...
examinons aussi ...	betrachten wir auch ...
if faut d'abord rappeler que ...	man muss zunächst daran erinnern, dass ...
il ne faut pas oublier que ...	man darf nicht vergessen, dass ...
avant de parler de ... je voudrais souligner que ...	bevor ich über ... spreche, möchte ich unterstreichen, dass ...
après avoir souligné l'importance de ... passons à ...	nachdem die Wichtigkeit von ... hervorgehoben wurde, gehen wir über zu ...
en comparaison de .../par rapport à ...	im Vergleich zu ...
à la différence de ...	im Unterschied zu ...
en ce qui concerne ...	was ... betrifft
un exemple en est ...	ein Beispiel dafür ist ...
une raison en est ...	ein Grund dafür ist ...
une preuve en est ...	ein Beweis dafür ist ...
cela se voit dans ...	das sieht man an ...

Persönlicher Standpunkt

allgemeine Stellungnahme

moi, je pense/crois/trouve que ...	ich (für meinen Teil) meine/glaube/ finde, dass ...
à mon avis/selon moi	meiner Meinung nach
pour ma part/à mes yeux	ich, für meinen Teil/in meinen Augen
autant que je sache	soweit ich weiß
je suis persuadé(e)/convaincu(e)/ certain(e) que ...	ich bin überzeugt/sicher, dass ...

Zustimmung

je suis pour ...	ich bin für ...
je trouve bon/compréhensible/ important/naturel que ... (+ subj.)	ich finde gut/ verständlich/ wichtig/ natürlich, dass ...
je suis d'accord avec ...	ich bin einverstanden mit ...
j'approuve qc/ que ... (+ subj.)	ich billige etwas/dass ...
je partage l'opinion de ...	ich teile die Meinung von ...

Ablehnung

je suis contre ...	ich bin gegen ...
je désapprouve qc/que (+ subj.)	ich missbillige etwas/dass ...
je critique qc/que ... (+ subj.)	ich kritisiere etwas/dass ...
je m'oppose à ...	ich widersetze mich ...
je reproche qc à qn	ich werfe jemanden etwas vor
je rejette l'argument selon lequel ...	ich weise das Argument zurück, dass ...

Praxis der Textarbeit

7 Texte und Übungen Niveau I

7.1 Le VTT, star à la ville comme à la campagne

Le vélo tout-terrain (VTT) est devenu le moteur de l'industrie du cycle: sur 2 862 850 bicyclettes vendues en France en 1994, trois sur quatre étaient inspirées du «mountain-bike» dont la pratique n'est plus réservée à la campagne: les adeptes du vélo tout-terrain sont de plus en plus nombreux sur l'asphalte urbain. Une aubaine pour les fabricants.

C'est côté ville que la bicyclette a réussi cet été la percée la plus inattendue. La première ville cycliste française, Strasbourg, n'enregistre, il est vrai, que 12 % de déplacements à vélo (et Paris 1 %), alors que ce chiffre atteint 25 % ou 30 % dans un grand nombre de villes allemandes. «Mais cet été, notre impression, qui date de deux ou trois ans, selon laquelle la pratique du vélo en ville augmente, s'est nettement confirmée» note Camille Lalande, du Mouvement de défense de la bicyclette (MDB).

«Pour la première fois depuis la fin des années 50, on assiste à un arrêt dans la baisse de la pratique du vélo en centre-ville», constate, avec prudence, le secrétaire général de la Fédération des usagers de la bicyclette (Fubicy). «Il y a encore quatre ou cinq ans, à Paris, un cycliste en croisait à peine un autre par jour et était regardé plutôt bizarrement», se souvient Stéphane Lavignotte, responsable d'Ecolo J (les jeunes Verts).

Qu'est-ce qui incite donc les citadins à sortir les vélos des caves pour parcourir leurs trois kilomètres quotidiens? La nouvelle image, plus moderne, qu'a donnée du vélo le VTT. «Pour les jeunes notamment, il n'est plus nécessairement 'branché' d'avoir une voiture, ou un casque de moto sous le bras», remarque M. Lavignotte.

Autres facteurs incitatifs, les encombrements, les problèmes de stationnement, de bruit, de pollution surtout, qui, cet été, ont atteint une telle gravité que s'est amorcé un débat sur le «tout voiture». Ce à quoi s'ajoute une certaine lassitude face à la surfréquentation des transports en commun, l'attrait d'un mode de déplacement individuel dont la vitesse dépasse bien souvent celle des voitures, des préoccupations de santé mais aussi économiques, car le vélo revient moins cher que les transports en commun.

Extrait de: PASCAL KREMER, Le VTT, star à la ville comme à la campagne, dans: *Le Monde* du 29 septembre 1995

Vocabulaire

1 *le cycle:* la bicyclette; 3 *la pratique:* Gebrauch, Benutzung; 4 *un adepte:* Befürworter, Anhänger; 5 *l'aubaine* (f.): Glücksfall, unverhofftes Glück; 6 *côté ville:* im städtischen Bereich; *la percée:* Durchbruch, Erfolg; 7 *enregistrer:* verzeichnen; 8 *le déplacement:* Ortswechsel, Fahrt; *atteindre:* erreichen; 11 *net, te:* klar, deutlich; *se confirmer:* sich bestätigen; 12 *la défense:* Verteidigung; 13 *l'arrêt* (m.): Anhalten, Stillstand; 14 *la baisse:* Rückgang; *la prudence:* Vorsicht; 15 *l'usager* (m.): Benützer; 16 *croiser:* kreuzen, antreffen; 17 *se souvenir:* sich erinnern; 19 *inciter:* bewegen, verleiten; *le citadin:* Stadtmensch; *la cave:* Keller; 20 *parcourir:* (durch)fahren; 21 *notamment:* insbesondere; 22 *être branché:* „in sein"; 24 *un facteur incitatif:* Antriebsfaktor, Beweggrund; *l'encombrement* (m.): l'embouteillage, Verkehrsstockung; 25 *la pollution:* Umweltverschmutzung; *la gravité:* schlimmes Ausmaß; 26 *s'amorcer:* commencer; *le «tout voiture»:* sinngemäß: das Prinzip, alles mit dem Auto zu erledigen; 27 *la lassitude:* Müdigkeit, Überdruß; *la surfréquentation:* Überbenutzung, übermäßiger Andrang; *l'attrait* (m.): Reiz; 28 *le mode de déplacement:* Fortbewegungsart; *dépasser:* überschreiten; 29 *la préoccupation:* Sorge

Questions sur le texte

1.	En quoi la pratique du vélo tout-terrain a-t-elle changé?	10
2.	Comparez l'importance du vélo en Allemagne et en France.	10
3.	Quelle était la situation des cyclistes à Paris il y a quelques années?	10
4.	Qu'est-ce qui explique le succès actuel du vélo au centre-ville?	20

Arbeitsanleitungen

zu den Fragen 1–3:

- Unterstreichen Sie die Stellen im Text, auf die sich die Fragen beziehen (→ Zwischenlösung).
- Sie finden je einen Lösungsvorschlag für die Antwort in Form eines „Schüttelsatzes“. Bringen Sie die einzelnen Teile des Satzes in die richtige Reihenfolge, so dass ein logisch und grammatisch richtiger Satz entsteht, der inhaltlich der Frage entspricht (→ Lösung).

  zu Frage 1: en dehors des – aujourd'hui – était surtout utilisé – de plus en plus souvent – le VTT – s'en sert – centres urbains – autrefois – dans la ville – on

  ____

  ____

  ____

  zu Frage 2: plus d'un quart – tandis que – en Allemagne – c'est moitié moins – en France – se déplacent – des citadins – en vélo

  ____

  ____

  ____

  zu Frage 3: on ne rencontrait que très peu – pour des êtres étranges – il y a – à Paris – de cyclistes – et – quelques années – on les prenait – encore

  ____

  ____

  ____

zu Frage 4:

- Die Antwort umfasst mehrere Aspekte. Unterstreichen Sie die entsprechenden Passagen im Text und notieren Sie die einzelnen Aspekte der Antwort stichpunktartig (→ Zwischenlösung).

  - ______________________________
  - ______________________________
    ____
  - ______________________________
    ____
  - ______________________________
    ____
  - ______________________________
  - ______________________________

- Als Antwort nehmen Sie nun den unten angeführten Lückentext, in den Sie die fehlenden Ausdrücke einsetzen. Diese sind in nicht geordneter Reihenfolge aufgeführt, und zwar in zwei Gruppen: die erste Gruppe betrifft den Inhalt des Textes und bezieht sich auf die durchgängig unterstrichenen Lücken (_____), die zweite Gruppe enthält nur Verknüpfungswörter und bezieht sich auf die gepunkteten Lücken (..........) (→ Lösung).

  Wörter der Gruppe 1 (_____): la popularité – les embouteillages – besoin – croissante – nombre – traditionnel – se déplace – la santé – ressemble – pollué – éviter – bondés – nuisances – pour – un véhicule – nuisible

  Wörter der Gruppe 2 (..........): en plus – finalement – par conséquent – en outre – premièrement – à cela s'ajoute

  Il y a un grand ____________ de raisons qui expliquent ______________

  du VTT. ...., c'est devenu ________________ moderne qui ne

  ______________ plus au vélo ________________. ....,

  les jeunes n'ont plus ____________ d'une voiture ou d'une moto ___________

  être à la mode.

.... , le vélo permet d' ______________ les ___________________ de la circulation urbaine: ______________________, le manque de parkings, l'air ______________. .... l'aversion _____________ envers les transports publics toujours ______________. ...., on est plus libre et ______________ souvent plus rapidement. ...., le vélo est moins _______________ à ________________ et coûte moins cher que la voiture.

7.2 Enquête au pays de la bonne bouffe

La France est-elle toujours le paradis de la gastronomie? Sans aucun doute, à en croire le résultat d'un sondage réalisé par *L'Express* qui révèle que pour 77 % des Français interrogés «nulle part dans le monde on ne mange aussi bien qu'en France».

Mais le goût a changé, car les produits aussi ont changé. «Je connais 'mon' marché depuis bientôt un demi-siècle. J'y allais enfant. Alors, plus de 80 % des marchands de fruits et légumes étaient des paysans producteurs venus des banlieues voisines. C'était une garantie de fraîcheur des produits – moins beaux d'apparence, mais combien plus goûteux! – et on ne les trouvait qu'en leur saison» (R. Courtine, *Le Monde).*

«Evidemment, le monde moderne a aussi du bon: grâce à la rapidité des transports, on ne doit plus attendre 'la saison' pour acheter des fruits et des légumes importés de pays lointains. Il faudra cependant y mettre le prix. D'autre part, n'étant plus surpris de voir des fraises vendues en février, le citadin méconnaît la nature» (A. de Penanster).

Et de plus, les tomates et les haricots verts de janvier, venus du tiers monde, ont parfois comme un arrière-goût de famine ...
Le mode de vie change, entraînant de nouvelles habitudes alimentaires. A midi, un Français sur deux ne déjeune pas chez lui. Il lui faut manger vite, et si possible à bon marché. Les bistrots et autres petits restaus de quartier, où la patronne proposait à midi son menu du jour, deviennent de plus en plus rares.

Ce qui se multiplie, en revanche, ce sont les lieux où l'on s'alimente. Le restaurant classique se fait doubler par les barbares qu'il avait méprisés: la cantine, le self-service, le fast-food, la croissanterie.

Quant aux repas à la maison, ils ne sont pas toujours plus satisfaisants. Lorsque la maîtresse de maison, harcelée, doit «faire vite» pour cuisiner après un marché déjà rapide, il faut se résigner à une cuisine de gens pressés.

Peut-on conclure que la France n'est plus le pays de la «bonne bouffe»? Voilà des titres récents parus dans la presse française:
«La fin de la grande bouffe» *(Le Nouvel Economiste)*
«Nous mangeons trop et mal» *(Le Matin)*
«Midi, triste cuisine» *(Que choisir?)*
«Sommes-nous condamnés à la malbouffe?» *(Le Nouvel Economiste)*

Mais il ne faut tout de même pas exagérer. Ces cris d'alarme ne cachent pas une réalité: on peut bien manger en France et on sait où bien manger. Quel Français ne connaît pas «ses» bonnes adresses? Il ne manque pas de bons restaurants ni de chroniqueurs gastronomiques qui, tout en déplorant la montée des prix, nous rappellent les bonnes adresses et nous mettent en garde contre les mauvaises. Mais il ne s'agit pas de l'alimentation de Monsieur tout le monde: seuls les privilégiés y accèdent. On en revient au même problème: tout n'est qu'une question d'argent.

Extrait de: Sans frontières, éd. par PHILIPPE DOMINIQUE et al. Paris, Clé international 1984, p. 56/57

Vocabulaire

0 *l'enquête* (f.): Untersuchung, Umfrage; *la bouffe:* (pop.) nourriture; 17 *la famine:* manque de produits alimentaires dans un pays; 20 *le restau:* (abr.): restaurant; 26 *quant à:* en ce qui concerne; 27 *harceler:* tourmenter, soumettre à de petites attaques; 38 *le chroniqueur:* rédacteur d'articles; 41 *accéder à:* parvenir à, Zugang haben

Questions sur le texte

1. Comparez l'offre de produits alimentaires autrefois et aujourd'hui. 20
2. Qu'est-ce que l'auteur veut dire par la phrase: «Et de plus, les tomates et les haricots verts de janvier, venus du tiers monde, ont parfois comme un arrière-goût de famine ...» (l. 16/17)? Que critique-t-il indirectement? 10
3. Comment le mode de vie moderne a-t-il changé les habitudes alimentaires et la restauration en France? 10
4. Qu'est-ce que l'auteur dit des repas à la maison? Comment ce phénomène s'explique-t-il? 10
5. Pourquoi l'auteur cite-t-il les titres de la presse française (l. 31–34) à votre avis? Que révèlent ces titres? 10

Arbeitsanleitungen

zu Frage 1:

– Ergänzen Sie den folgenden Lückentext. Wählen Sie aus dem angeführten Wortschatz passende Ausdrücke und fügen Sie sie in der richtigen Form in den Text ein. In einigen Fällen sind auch alternative Lösungen möglich (→ Lösung).

acheter – faire les courses – vendre – être en vente – offrir – le produit naturel – le produit du terroir – le produit typique de la région – la récolte – le cycle des saisons – l'importation – les fruits et légumes – le goût – la saveur – délicieux/se – appétissant/e – goûteux/se – savoureux/se – cher/chère – bon marché

Autrefois, on faisait ____________ sur le marché d'à côté où on achetait des produits _______________. Quoique ces __________ et _________ aient été moins ___________________ que ceux d'aujourd'hui, ils étaient toujours ___________ et avaient un(e) ___________ plus ____________. Bien sûr, les paysans ne ____________ que ce qu' ____________ la saison.

Aujourd'hui, on ne dépend plus de la ___________ locale: grâce aux facilités de _______________, les produits les plus exotiques sont _______________ pendant toute l'année. Cela les rend naturellement plus _______________.

En plus, les habitants des villes s'éloignent du cycle naturel des __________.

zu Frage 2:

– Fügen Sie als Antwort folgende Satzelemente zu einem komplexen Satz zusammen (→ Lösung):

qui vivent dans le luxe – En faisant allusion – qui cultivent des fruits et légumes – aux dépens de ceux – l'auteur critique – qui n'ont pas assez à manger – l'attitude des Européens – aux pays pauvres – pour les pays riches

____

____

zu Frage 3:

- Notieren Sie die einzelnen Elemente, die die Antwort ausmachen, und stellen Sie mit Hilfe des Wörterbuchs Ausdrücke und Wendungen zusammen, die Sie für die Umformulierung brauchen können (→ Zwischenlösung).

Elemente der Antwort	Umformulierungsmöglichkeiten
–	–
–	–
–	–
–	–

- Versuchen Sie mit Hilfe dieser Wendungen einen Antworttext zu schreiben (→ Lösung).

zu Frage 4:

- Wählen Sie aus den sechs folgenden Einzelsätzen die beiden Sätze aus, die die Textaussage inhaltlich korrekt wiedergeben und fügen Sie sie zur Antwort zusammen (→ Lösung).

  a) Les Françaises cuisinent aujourd'hui mieux qu'autrefois.
  b) Les plats préparés par la femme de ménage ne sont pas toujours très savoureux.
  c) Ce que les Français mangent chez eux n'est pas toujours meilleur que les plats rapides du fast-food.
  d) La femme française n'a pas le temps de choisir les meilleurs produits ni de préparer les repas avec soin.
  e) La femme moderne n'a plus envie de passer trop de temps à faire les courses et à cuisiner.
  f) La plupart des femmes éprouvent de la résignation parce qu'elles sont toujours trop stressées pour se sacrifier à la préparation de plats traditionnels.

____

____

____

____

____

____

zu Frage 5:

- Bei der Beantwortung dieser Frage sind Sie relativ frei. Allerdings muss die Antwort in sich logisch sein und darf dem Text nicht widersprechen. Wählen Sie aus den angeführten Möglichkeiten die Kombination von Sätzen, die Ihre Meinung am besten wiedergibt, oder formulieren Sie eine eigene Antwort (→ Lösung).

l'auteur veut
- montrer que la cuisine est toujours un sujet d'actualité
- que le lecteur réfléchisse à la manière dont se nourrissent les Français
- prouver/démontrer qu'il n'est pas seul à déplorer le déclin de la cuisine française

les titres révèlent – le développement négatif de la cuisine française
– que la cuisine française n'est plus ce qu'elle était
– que les Français n'attribuent plus tant d'importance à la bonne chère

7.3 Jeunes: Ne touche pas à mon look

Un adolescent ne badine pas avec son look. Rien de plus sérieux que le choix des bonnes fringues. Rien de plus difficile que d'échapper à la critique des copains et des copines qui connaissent toutes les bonnes marques. Quant aux parents, éclairés par la révolution de 68, ils se foutent de la tenue des ados comme ils se foutent de la leur. Heureusement, il reste encore quelques rares profs réactionnaires – espèce en voie de disparition – à vouloir décréter ce qu'il ne faut pas porter à l'école. On les aura!

A Orange (Vaucluse), deux cents élèves d'un collège se sont récemment mis en grève pour manifester contre la direction qui avait tenté de réglementer leur style vestimentaire. Dans une note de service, le principal, Mme Lucette Brincourt, avait demandé aux enseignants de ne plus accepter dans les cours les élèves coiffés de casquettes ou portant des chaussures à bouts renforcés style Doc Martens. De même pour les élèves se présentant dans des tenues indécentes (jupes très courtes, jeans exagérément troués, décolletés provocateurs). La résistance des collégiens s'est aussitôt organisée. Au terme d'une journée de grève, ils ont obtenu le retrait de la note dictatoriale.

L'épisode, pour drôle qu'il soit, reflète l'importance que les jeunes attachent à leur look: l'habit reste pour l'adolescent le meilleur moyen de se distinguer du monde adulte et de revendiquer son adhérence à un style culturel, musical ou sportif. Le choix des vêtements permet aux jeunes d'affirmer une appartenance, de posséder les signes de cette appartenance ...

Côté parents, le débat sur la «bonne» tenue de leur progéniture n'est guère d'actualité. L'évolution des trente dernières années montre que le vêtement n'est plus au cœur des conflits entre générations. Il y a vingt ans, le choix du look était plutôt dicté par un esprit de «rébellion» contre la famille et l'ordre établi. Aujourd'hui, laissés libres, voire approuvés, par leurs parents d'adopter la tenue de leur choix, les adolescents s'opposent à leurs aînés sur un autre niveau d'interdit.

Sorties, soirées, heures de retour et négociations de voyages entre copains sont les nouveaux substituts aux affrontements d'antan. Désormais, on n'entend plus guère hurler dans les foyers: «Tu ne comptes quand même pas sortir comme ça?» Mais plutôt: «OK pour le piercing, mais pas chez ta grand-mère!»

Les vrais ennuis commencent au moment où les jeunes entrent dans le monde du travail qui leur impose, même au niveau des petits boulots, des codes vestimentaires parfois pénibles. Ce sont souvent les petits détails qui font l'individualité d'un look. Mais voilà précisément ce qui cause les problèmes:

«On m'a demandé, de manière humiliante, de raser ma barbiche. Il faut tout avaler. L'entreprise est une secte», soupire Michel qui travaille comme vendeur dans un fast-food parisien. Etre contraint d'ôter sa petite barbe est à ses yeux une atteinte à sa dignité.

Les filles, elles, ne sont pas épargnées. Ainsi, Josette, vendeuse dans un libre-service, s'est fait virer parce qu'elle a refusé d'enlever le petit brillant qu'elle arbore épinglé à sa narine gauche. Les clients n'apprécient pas un bijou dans le nez, lui avait déclaré son employeur. Ce bijou ne dérange personne, avait-elle rétorqué, évidemment sans convaincre son chef. Une chose est certaine: Le piercing ainsi que les tatouages ostensibles sont toujours mal notés auprès de la plupart des patrons. Pour les inconditionnels du look individualisé, il ne reste qu'une solution: s'établir à son compte.

Extrait de: Jeunes: Ne touche pas à mon look, Rédaction de la Revue de la Presse, août 1996

Vocabulaire

1 *un(e) adolescent(e):* un(e) jeune; *badiner:* parler en plaisantant; 2 *les fringues* (f. pl.) (fam.): les vêtements; 3 *quant à:* en ce qui concerne; 4 *se foutre de* (fam.): se moquer de; *la tenue:* la manière dont qn est habillé; 6/7 *décréter:* ordonner, régler; 7 *avoir qn* (fam.): tromper, vaincre qn; *on les aura!:* denen werden wir's zeigen!; 10 *une note de service:* hier: Rundschreiben; 12 *être coiffé(e) d'une casquette:* eine Schirmmütze tragen; 12/13 *à bouts renforcés:* mit metallverstärkten Kappen; 14 *troué,e:* durchlöchert; 15/16 *au terme de:* au bout de; 16 *le retrait:* action de retirer, Rücknahme; 17 *pour drôle que ... soit:* so lustig ... auch sein mag; 19 *revendiquer qc:* réclamer, exiger qc; *l'adhérence* (f.): Zugehörigkeit; 22 *la progéniture:* ensemble des enfants; 26 *voire:* ja sogar; 29 *les négociations* (f.): action de discuter pour arriver à un accord; 30 *le substitut:* hier: Ersatz; *l'affrontement* (m.): action de s'opposer; *d'antan* (litt.): d'autrefois, du passé; *désormais:* à partir de maintenant; 31 *hurler:* crier (de toutes ses forces); 34 *les ennuis* (m.): les difficultés; 35 *imposer:* faire accepter, préscrire; *le boulot* (fam.): travail; 39 *humiliant,e:* dégradant, demütigend; *la barbiche:* petite barbe; 40 *avaler:* supporter; 41 *être contraint,e de:* être forcé,e

de; *ôter:* enlever; 42 *atteinte* (f.) *à la dignité:* Verletzung der Würde; 43 *épargner:* verschonen; 44 *se faire virer* (fam.): être renvoyé; 45 *arborer:* porter avec le désir d'être vu, zur Schau stellen; *épingler:* mit der Nadel anstecken; *la narine:* Nasenflügel; 47 *rétorquer:* répliquer, objecter; 48 *le tatouage:* Tätowierung; *ostensible:* visible; 48/49 *être mal noté auprès de:* schlecht ankommen bei; 49 *un(e) inconditionnel(le):* bedingungsloser Anhänger; 50 *s'établir à son compte:* sich selbstständig machen

Questions sur le texte

1. Qu'est-ce qui a provoqué le conflit entre les élèves et le principal d'un collège à Orange? Comment ce conflit a-t-il été réglé? 20
2. Quel rôle les vêtements jouent-ils dans la vie des jeunes? 10
3. Expliquez la phrase suivante dans son contexte: «Côté parents, le débat sur la 'bonne' tenue de leur progéniture n'est guère d'actualité.» (l. 22/23) 10
4. Qu'est-ce qui fait éclater aujourd'hui des conflits entre parents et enfants? 10
5. Quelles expériences Michel et Josette ont-ils faites dans leur travail? Comment y ont-ils réagi? 20

Arbeitsanleitungen

Textaufbau und Zuordnung der Fragen:

- Der Text ist lang, aber gut gegliedert. Verschaffen Sie sich zunächst einen Überblick über den Textaufbau. Finden Sie passende Zwischenüberschriften für die einzelnen Abschnitte bzw. für zusammengehörende Abschnitte (→ Lösung 1).
- Lesen Sie die Fragen zum Text im Zusammenhang durch und ordnen Sie sie den einzelnen Abschnitten zu (→ Lösung 2).

zu Frage 1:

- Stellen Sie den Verlauf des Konflikts stichpunktartig dar (→ Zwischenlösung).

  cause: ______________________________

  ____

  ____

  réaction: ______________________________

  solution: ______________________________

- Um eine Antwort zu formulieren, benützen Sie folgende Satzanfänge (→ Lösung).

  Mme Brincourt, principal d'un collège à Orange, a voulu interdire que ______

  ____

  Ce qu'elle ne voulait pas tolérer, c'étaient ______________________________

  ____

  Les élèves ont réagi immédiatement: ils ______________________________

  ____

  en ______________________________

  Le lendemain, Mme Brincourt a cédé à ______________________________

  et a retiré ______________________________

zu Frage 2:

- Machen Sie sich klar, wie viele Aspekte die Antwort enthält. (Hinweis: *ein* Gedanke kann im Text auch mehrfach ausgedrückt werden; in der Antwort erscheint er jedoch nur *einmal.)* Notieren Sie diese Aspekte (→ Zwischenlösung 1).

  – ________________________________

  ____

  – ________________________________

  ____

- Suchen Sie (mit Hilfe des einsprachigen Wörterbuchs) andere Formulierungsmöglichkeiten für die entsprechenden Verben und ihre Ergänzungen (→ Zwischenlösung 2).

  se distinguer du monde adulte: ____________________

  ____

  revendiquer son adhérence à: ____________________

  ____

  affirmer son appartenance à: ____________________

  ____

- Formulieren Sie die Antwort, indem Sie die Aussagen sprachlich verknüpfen (Vgl. die Liste der Verknüpfungswörter, S. 21) (→ Lösung).

  ____

  ____

  ____

  ____

  ____

  ____

zu Frage 3:

- Machen Sie sich die Aussage des Satzes klar. Entscheiden Sie dann, welche der vier Antwortmöglichkeiten den Sinn am genauesten wiedergibt (→ Lösung).

  a) Aujourd'hui, les parents ne s'intéressent plus du tout aux vêtements que portent leurs enfants.
  b) De nos jours, le look des jeunes provoque de plus en plus de conflits dans les familles.
  c) La plupart des parents exigent que leurs enfants soient bien habillés.
  d) Pour les parents, les vêtements des enfants constituent de moins en moins un sujet de dispute.

zu Frage 4:

- Unterstreichen Sie im Text die Punkte, die heutzutage zu Konflikten zwischen Jugendlichen und Eltern führen. Notieren Sie diese Punkte. Welche gehören inhaltlich zusammen (→ Zwischenlösung)?

  – ______________________________

  – ______________________________

- In welcher sprachlichen Form werden die einzelnen Punkte ausgedrückt? Bei der Formulierung der Antwort sollten Sie nicht nach Synonymen suchen, sondern eine andere Wortart wählen. Schreiben Sie zwei komplexe Sätze: einen, der die ersten drei Punkte zusammenfasst, und einen, der den letzten Punkt wiedergibt (→ Lösung).

____

____

____

____

____

____

____

zu Frage 5:

– Vervollständigen Sie zur Beantwortung dieser Doppelfrage folgendes Raster. Übernehmen Sie dabei die entsprechenden Textstellen (→ Zwischenlösung).

Michel: expérience ______________________________

____

réaction et conséquence ______________________________

____

Josette: expérience ______________________________

____

réaction et conséquence ______________________________

____

– Formulieren Sie die Antwort (→ Lösung).

____

____

____

____

____

____

____

____

____

8 Texte und Übungen Niveau II

8.1 Les jeunes: la galère jusqu'à trente ans

L'Institut national de la statistique et des études économiques (INSEE) a réalisé une enquête portant sur la situation professionnelle des jeunes entre 18 et 24 ans. Le résultat est alarmant.

Jamais les jeunes n'ont été aussi bien formés, mobiles, disposés à faire de leur mieux. Jamais on ne leur a autant fermé les portes des entreprises, soit parce qu'ils n'ont pas assez d'expérience, soit parce qu'ils n'ont pas le «bon» diplôme.

«Quand on est sorti de la fac, après 68, mon père a eu le choix entre plusieurs boulots, correspondant aux études qu'il venait de terminer», raconte Julien, 24 ans, bac plus 5, qui a été successivement vendeur dans une grande surface et par téléphone, animateur de centres aérés, serveur dans un restaurant ... Il a son propre logement, mais ne peut le payer que grâce à une aide sociale. Il n'ose plus demander d'argent à ses parents parce qu'il y a encore trois frères et sœurs à la maison. Une fois toutes les factures réglées, il ne reste que 50 F à lui et à sa copine encore étudiante.

De tous les temps, les jeunes ont tiré le diable par la queue, raconteront les quadras, bien installés dans la vie, ou les grands-parents, qui, eux, ont connu la guerre. Mais cette période de vaches maigres a tendance à durer un peu longtemps. Quand les jeunes d'aujourd'hui ne sont pas de grands enfants qui rentrent chez papa-maman tous les soirs, ils occupent des boulots moins qualifiés, moins rémunérateurs et sans perspective de carrière!

La moitié des 18 à 25 ans gagnent moins de 5 900 F par mois. Il faut attendre 27 à 29 ans pour se rapprocher, avec 6 500 F en moyenne, du salaire moyen de la population active, soit 7 200 F. Et on ne s'étonne pas qu'ils s'installent en couple de plus en plus tard. En 1992, à peine 1 % des jeunes de 20 ans étaient mariés, contre 13 % dix ans plus tôt.

Des bébés? Ce n'est pas vraiment d'actualité, même si presque tous envisagent de fonder une famille. En attendant, ils accumulent des diplômes de plus en plus pointus qui, bien sûr, ne sont pas inutiles, loin de là! Mais qui ne trouvent pas d'équivalent en termes d'emploi. Presque tous les jeunes d'aujourd'hui occupent des jobs «déclassés» par rapport à leur qualification. Ceci est d'ailleurs plus vrai dans le tertiaire que dans l'industrie.

Extrait de: Les jeunes: la galère jusqu'à trente ans, dans: *Infomatin* du 22 août 1995

Vocabulaire

0 *la galère:* condition très dure; 2 *l'enquête* (f.): le sondage; 9 *le boulot* (pop.): le travail; 10 *bac plus 5:* 5 ans d'études après le bac; 10/11 *la grande surface:* Einkaufszentrum; 11 *le centre aéré:* Freizeitstätte; 14 *la facture:* Rechnung; 16 *tirer le diable par la queue:* vivre sans cesse dans la gêne; 17 *le quadra:* le quadragénaire, qui a quarante ans; 18 *la période de vaches maigres:* période de pauvreté; 28 *accumuler:* anhäufen; 29 *pointu, e:* spitz, zugespitzt, ausgefeilt; 32 *le (secteur) tertiaire:* Dienstleistungsbereich

Questions sur le texte

1. Dans quelle situation paradoxale les jeunes demandeurs d'emploi se trouvent-ils aujourd'hui? 15
2. L'auteur compare la situation d'un diplômé de l'université après 68 à celle d'un jeune d'aujourd'hui (ayant également fait des études supérieures). Dites d'une manière générale ce qui a changé. 20
3. La vie active d'un débutant a toujours été difficile. Pourquoi est-elle plus déprimante aujourd'hui qu'il y a 20 ans? 10
4. Quelles conséquences les jeunes tirent-ils de tous ces changements? 10

Arbeitsanleitungen

zu Frage 1:

– Notieren Sie die einzelnen Aspekte der Antwort in Stichpunkten (Formulierungen des Textes). Versuchen Sie, diese Aspekte in ihrer logischen Verknüpfung darzustellen (einerseits – andererseits, Gründe) (→ Zwischenlösung 1).

d'une part: ______________________________

____

d'autre part: ______________________________

parce que: ______________________________

____

- Suchen Sie nach anderen Formulierungsmöglichkeiten für die einzelnen Punkte; benützen Sie dabei auch das einsprachige Wörterbuch (→ Zwischenlösung 2).

  être bien formé: ______________________________

  ____

  être mobile: ______________________________

  être disposé de faire de son mieux: ______________________________

  ____

  on leur ferme les portes des entreprises: ______________________________

  ____

  pas assez d'expérience: ______________________________

  ____

  pas de «bon» diplôme: ______________________________

  ____

- Versuchen Sie nun, mit Hilfe dieser Formulierungsmöglichkeiten einen zusammenhängenden Text zu erstellen (→ Lösung).

  ____

  ____

  ____

  ____

  ____

  ____

zu Frage 2:

- Schlüsseln Sie wiederum die Antwort in ihre Einzelaspekte auf (Situation des Vaters – Situation des Sohnes) (→ Zwischenlösung 1).

  la situation du père: ____________________

  ____

  la situation du fils: ____________________

  ____

- Finden Sie andere Formulierungsmöglichkeiten für die einzelnen Aussagen (→ Zwischenlösung 2).

  choix entre plusieurs boulots: ____________________

  ____

  ____

  ____

  boulots correspondant aux études: ____________________

  ____

  être successivement vendeur, animateur, serveur: ____________________

  ____

  ____

  ____

- Schreiben Sie einen zusammenhängenden Text als Antwort (→ Lösung).

  ____

  ____

  ____

  ____

  ____

  ____

zu Frage 3:

- Finden Sie die einzelnen Gründe (→ Zwischenlösung 1).
  -
  -
  -
  -
- Suchen Sie nach anderen Formulierungen (→ Zwischenlösung 2).

  la période de vaches maigres dure plus longtemps:

  des boulots moins qualifiés:

  (des boulots) moins rémunérateurs:

  (des boulots) sans perspectives de carrière:
- Formulieren Sie die Antwort (→ Lösung).

zu Frage 4:

- Notieren Sie die verschiedenen Konsequenzen (→ Zwischenlösung 1).
  - ____________________
  - ____________________
  - ____________________

    ____

- Suchen Sie nach anderen Formulierungen (→ Zwischenlösung 2).

  ils s'installent en couple de plus en plus tard: __________

  ____

  des bébés ne sont pas d'actualité: __________

  ____

  ils accumulent des diplômes de plus en plus pointus: __________

  ____

- Formulieren Sie die Antwort (→ Lösung).

  ____

  ____

  ____

  ____

  ____

8.2 Ces beurs qui ne veulent plus de leur nom

Parce que le racisme commence souvent au simple énoncé d'un nom d'origine maghrébine, ils sont de plus en plus nombreux à vouloir une nouvelle identité.

«J'en ai marre de porter un nom qui me ferme la porte à tout. Belkacem! Et ce prénom: Mohamed! J'écris pour un emploi? pas de réponse. Je sollicite un logement? C'est déjà pris. Alors, il y a six mois, j'ai décidé de changer de nom. J'attends la réponse.»

Cheveux noirs bouclés, allure sportive, Mohamed, 26 ans, est français. Né en France de parents algériens, il a accepté de parler de son nom à la seule condition qu'on ne révèle pas où il habite. «Mes amis me considèrent déjà comme un traître, faut pas en rajouter ...». Mohamed est dégoûté. Titulaire d'une maîtrise d'histoire, il veut absolument travailler dans la communication.

Pour trouver du travail, et donc s'intégrer, les beurs doivent-ils imiter Mohamed? Certains le croient. Mais la démarche de ce garçon est plutôt isolée. En grande majorité, les beurs «pure souche» sont non seulement fiers de leur nom, mais ils refusent énergiquement de plier l'échine devant ce qu'ils voient comme une atteinte à leur dignité.

«Ce n'est pas en changeant de nom qu'on change de tête», affirme avec conviction Saadia Sahali, 29 ans, sociologue de Banlieuscopies, tout en reconnaissant, cependant, que le nom à consonance arabe peut être un handicap.

Des agences d'intérim, sous la pression de leurs clients, se voient contraintes de refuser des candidats porteurs de noms à consonance arabe ou «fleurant l'exotisme». «En intérim, le client est roi», affirme un responsable qui tient à garder l'anonymat. «Si le chef d'entreprise souhaite des Français de pure souche, je suis lié. Certaines entreprises françaises sont nettement 'bleu-blanc-rouge'. Même si les exemples de discrimination sont minoritaires, il ne faut pas se faire d'illusions: à qualifications égales, entre un CV avec un nom bien français et un autre à consonance arabe, on choisira le premier.»

Extrait de: Ces beurs qui ne veulent plus de leur nom, dans: *Le Nouvel Observateur*, décembre 1995

Vocabulaire

1 *l'énoncé* (m.): Äußerung; 2 *maghrébin,e:* du Maghreb, de l'Afrique du Nord; 5 *solliciter qc:* tenter d'obtenir, demander; 11 *dégoûter qn:* inspirer de l'aversion; 12 *la maîtrise:* diplôme universitaire; 17 *plier l'échine:* céder, se soumettre; 22 *l'agence* (f.) *d'intérim* (m.): Agentur für Zeitarbeit; 23 *fleurer qc:* riechen nach; 25/26 *de pure souche:* ici: d'origine exclusivement française; 28 *le CV:* curriculum vitae, Lebenslauf

Questions sur le texte

1. Mohamed Belkacem affirme qu'il porte un nom qui lui «ferme la porte à tout» (l. 4). Qu'est-ce qui justifie cette affirmation? 10
2. Pourquoi Mohamed ne veut-il pas qu'on dise où il habite? 5
3. Quelle attitude les beurs adoptent-ils en général en ce qui concerne leur nom arabe? 10
4. Expliquez la phrase de Saadia Sahali: «Ce n'est pas en changeant de nom qu'on change de tête.» (l. 19) 5
5. Comment les agences d'intérim se comportent-elles souvent? Pourquoi? 10
6. Que veut dire la phrase: «Certaines entreprises françaises sont nettement 'bleu-blanc-rouge'.» (l. 26/27) 5

Arbeitsanleitungen

Um die Fragen zu beantworten, gehen Sie jeweils von den vorgegebenen Satzanfängen bzw. von den weiterführenden Ausdrücken aus (→ Lösungen).

zu Frage 1:

Pour justifier son affirmation, Mohamed Belkacem parle de ses expériences ____

____

Chaque fois qu'il rédige ______________________________

____

Et quand il essaie ______________________________

____

zu Frage 2:

Il a peur que ____

____

parce qu'à leurs yeux ____

____

zu Frage 3:

La plupart des beurs portent ____

et, par conséquent, ils ne sont pas prêts ______________________________

Ils se sentiraient humiliés, s'ils ______________________________________

____

zu Frage 4:

Par cette phrase Saadia Sahali veut dire que même en ____________________

____________________ on ____

____

zu Frage 5:

Les agences d'intérim ____

____

Elles justifient ce refus en disant que ______________________________

____

zu Frage 6:

En faisant allusion ____

le responsable d'une agence d'intérim veut faire entendre que ______________

____

8.3 Les femmes jugent leur ville

Vie municipale, crèches, IVG, transports ... Les citadines classent les plus grandes métropoles françaises.

Vingt-deux millions de Françaises vivent en ville en cette fin du XXe siècle. 22 millions de femmes installées dans la cité, avec leurs attentes, leurs difficultés, leurs colères, leurs bonheurs. Qu'en sait-on? Pas grand-chose. Qui s'y intéresse? Pas grand-monde. L'un des paradoxes de l'information n'est-il pas de donner à connaître plus sur l'ailleurs que sur le proche? Pourtant, les femmes sont partie prenante dans la vie urbaine, dont nombre d'activités les concernent en priorité. Une vie urbaine régie par une politique municipale qui se décide, globalement, sans elles. Il est donc légitime de les interroger. C'est la démarche qu'a choisie *L'Express*.

Pour la première fois, un sondage – *Ipsos*, *L'Express* et *L'Hebdo*, de Michel Field, sur Canal + – donne la parole aux femmes sur leur ville. Il concerne les sept plus grandes métropoles françaises, toutes de plus de 100 000 habitants: Paris, Lyon, Marseille, Toulouse, Lille, Strasbourg et Nantes. Consultées, les femmes s'expriment en toute liberté sur cet univers urbain qui fait leur existence quotidienne.

Cette radiographie de la ville au féminin est passionnante à plus d'un titre. Par ce qu'elle dit, bien sûr, mais aussi par ce qu'elle sous-entend. Les Marseillaises crient clairement leur malaise. Les Nantaises, les Toulousaines, les Strasbourgeoises affirment, elles, leur bien-être, même si la place des femmes au conseil municipal leur semble insuffisante, comme dans toutes les villes, Strasbourg exceptée. On voit bien là en filigrane l'une des revendications des femmes, que l'expérience réussie de Catherine Trautmann, maire de Strasbourg, renforce: être mieux associées à la gestion municipale.

«Si les élues sont passées de 17 à 20 % aux dernières municipales, c'est en raison de leurs succès dans les petites communes dont les hommes ne veulent plus s'occuper, affirme Roselyne Bachelot, députée de Maine-et-Loire. Pour les grandes métropoles, il y a Catherine Trautmann ... et le désert. La cité est une structure millénaire. Depuis longtemps les édiles privilégient le monumentalisme. Les maires aiment inaugurer le béton. Nos villes sont belles, mais pas faites pour être habitées. Les femmes, elles, privilégient le fonctionnel.»

«Leur expérience propre, leur vie professionnelle et familiale les rendent plus aptes à la conception et à la gestion des villes», ajoute Anne-Marie Couderc, chargée au gouvernement des droits des femmes. La preuve: les femmes maires de villes moyennes et de petites communes font un excellent travail. Catherine Trautmann, elle, a délibérément choisi de s'intéresser aussi aux détails de la vie quotidienne dans sa gestion municipale. «Elles ont un rapport à la quotidienneté, souligne le maire de Strasbourg. Je ne veux pas dire qu'elles ont un sens pratique inné, mais elles l'ont acquis au cours de leur existence.»

DES CONTRAINTES MULTIPLES

Utilité fait loi. Celles qui se chargent de fait des enfants, des personnes âgées, des malades, des handicapés ressentent avec plus d'acuité les manques et les ratés de la ville. Même si, comme le précise la sociologue Margaret Maruani, elle constitue une chance pour les femmes, car «elle génère pour elles de meilleures possibilités d'emploi et de mobilité». Mais les femmes sont souvent dans des situations plus précaires, plus vulnérables à la crise que les hommes. Un million d'entre elles en ville élèvent leurs enfants seules.

«Les femmes ont une pratique différente de la ville dès lors qu'elles ont des enfants, résume Jacqueline Coutras, de l'Institut de recherche sur les sociétés contemporaines, au CNRS. Elles sont écartelées entre les horaires et les lieux à fréquenter. Hier, la question était de savoir si la ville accentuait ou diminuait ces difficultés. Aujourd'hui, on se demande si elle ne les crée pas plutôt.»

UN GISEMENT DE GENEROSITE

Il existe un domaine où les citadines se sont silencieusement imposées: les associations. Un gisement de générosité, de talent, d'imagination. Principales victimes de la solitude des grandes villes, elles sont aussi les artisans patients de la solidarité, de «véritables expertes en humanité», comme le définit Anne-Marie Couderc. Dans les quartiers difficiles, les femmes-relais, remarquables médiatrices, jouent un rôle prépondérant. Partout, elles identifient les problèmes, tirent les sonnettes d'alarme, se battent, proposent des solutions. «Elles ne cherchent jamais à en tirer profit. Elles agissent et font un travail essentiel», souligne Catherine Trautmann. Elles apportent à nos cités un supplément de vie, de chaleur et d'espoir.

Extrait de: SYLVIE O'DY, Les femmes jugent leur ville, dans: *L'Express* du 6 mars 1997, p. 22–26

Vocabulaire

1 *IVG:* interruption volontaire de grossesse, Schwangerschaftsabbruch; *la citadine:* Stadtbewohnerin; 9 *régir:* diriger, gouverner; 18 *la radiographie:* Röntgenaufnahme; 23 *en filigrane:* ici: andeutungsweise; 31 *l'édile* (m.): conseiller municipal; 46 *l'acuité* (f.): Schärfe; 47 *le raté:* Fehlschlag; 55 *CNRS:* Centre national de la recherche scientifique; *écartelé, e:* partagé,e; 59 *le gisement:* ici: réservoir, Fundgrube; 64 *la femme-relais:* Vermittlerin, Ansprechpartnerin

Questions sur le texte

Compréhension du texte

1. En quoi la situation des femmes françaises vivant dans les grandes villes est-elle paradoxale? Référez-vous au premier paragraphe. 10
2. Expliquez ce que l'auteur entend par la phrase «Cette radiographie de la ville au féminin est passionnante ...» (l. 18) 5
3. En quoi la situation de Strasbourg est-elle différente de celle des autres grandes villes? 10
4. Pourquoi le nombre de femmes politiques est-il plus important dans les petites communes que dans les grandes villes? 10
5. Pourquoi les femmes sont-elles particulièrement aptes à gérer une ville? 20
6. En quoi la ville constitue-t-elle à la fois une chance et un danger pour les femmes? 10
7. D'après Anne-Marie Couderc les femmes sont de «véritables expertes en humanité» (l. 63). Qu'est-ce qui justifie cette affirmation? 20

Commentaire de texte

8. Expliquez et commentez la phrase suivante: «L'un des paradoxes de l'information n'est-il pas de donner à connaître plus sur l'ailleurs que sur le proche?» (l. 6/7) 10
9. Illustrez la phrase «Elles sont écartelées entre les horaires et les lieux à fréquenter.» (l. 55/56) en donnant des exemples concrets. 15
10. Comment Sylvie O'Dy (l'auteur de l'article) voit-elle les hommes? 10

Arbeitsanleitungen

In diesem Text ist das Auffinden der Antworten relativ schwierig, da die einzelnen Aspekte, auf die die Fragen zielen, entweder weit gestreut liegen oder nur indirekt angesprochen werden. Deshalb versuchen wir Sie hier jeweils gezielt anzuleiten.

zu Frage 1:

- Markieren Sie – nach gründlicher Lektüre des 1. Abschnitts – die Textstellen, die für die Frage relevant sind (→ Zwischenlösung).

  – ______________________________

  – ______________________________

  ____

  – ______________________________

  ____

  – ______________________________

  ____

- Formulieren Sie die Antwort, indem Sie die sich widersprechenden Tatsachen gegeneinander halten; wählen Sie Verknüpfungswörter, die diesen Widerspruch zum Ausdruck bringen (→ Lösung).

  ____

  ____

  ____

  ____

  ____

zu Frage 2:

- Die im folgenden aufgeführten Satzelemente sind Bausteine für *zwei* alternative Lösungsmöglichkeiten. Bilden Sie je einen Satz und entscheiden Sie, welche Lösung näher am Text ist (→ Lösung).

  captivant – les citadines – les conditions de vie – d'apprendre – dans les grandes métropoles – comment – jugent – il est

  ____

  ____

  ____

  dans une perspective – notre intérêt – des centres urbains – cette image – suscite – féminine – détaillée – vus

  ____

  ____

  ____

zu Frage 3:

- Um die Frage zu beantworten, müssen Sie aus einer längeren Passage (l. 20–26) die entsprechenden Aussagen herausfiltern. Das Wort *différente* in der Frage zeigt Ihnen, dass es sich um einen Vergleich handelt zwischen *Strasbourg* und *les autres grandes villes*.
- Beantworten Sie die Frage in zwei Schritten:
  - Was haben alle Städte (außer *Strasbourg)* aus der Sicht der Frauen gemeinsam?
  - Wodurch unterscheidet sich *Strasbourg*?
- Zur Formulierung der beiden Aussagen können Sie folgende Wörter benützen:

  déplorer – insuffisamment – être représenté – femme maire – participer à

- Verknüpfen Sie die beiden Sätze sprachlich (→ Lösung).

  ____

  ____

  ____

zu Frage 4:

- Die zwei Aspekte der Antwort liegen wiederum etwas versteckt im Text: der 1. Aspekt ist in einem Nebensatz angesprochen; der 2. Aspekt wird in einem kurzen Aussagesatz indirekt benannt. Suchen Sie die beiden Textstellen (→ Zwischenlösung).

  -
  -

- Machen Sie sich klar, was diese kurzen Textstellen in Bezug auf die Frage aussagen und worin der gedankliche Zusammenhang besteht. Formulieren Sie die Antwort dann mit eigenen Worten. Benützen Sie dabei folgende Formulierungsvorgaben (→ Lösung):

  postes à responsabilités – peu d'attrait – être figé – le pouvoir

zu Frage 5:

- Unterstreichen Sie zunächst im Text die Stellen, auf die sich die Frage bezieht; beschränken Sie sich bei der Suche nicht auf einen Absatz. Notieren Sie die Stellen stichpunktartig (→ Zwischenlösung).

  - ____________________
  - ____________________
    ____
  - ____________________
  - ____________________
  - ____________________
  - ____________________
    ____

- Formulieren Sie die Antwort; vermeiden Sie Wiederholungen (→ Lösung).

zu Frage 6:

- Die Frage bietet keine inhaltlichen Schwierigkeiten. Formulieren Sie die Antwort, indem Sie in je einem Satz die Chance(n) und die Gefahr(en) benennen, die die Stadt für die Frauen bietet (→ Lösung).

zu Frage 7:

- Bei dieser Frage müssen Sie wieder genau am Text arbeiten. Markieren Sie zunächst die Einzelaspekte und ordnen Sie sie unter die Gesichtspunkte *qualités* und *activités* (→ Zwischenlösung).

  qualités: ______

  activités: ______

- Im folgenden Lösungsvorschlag werden die Detailaussagen des Textes zusammengefasst. Der Bezug zum Originaltext ist nicht mehr linear nachvollziehbar. Um zu erkennen, wie sich Originaltext und Lösungstext entsprechen, markieren Sie die inhaltlichen Parallelen zwischen beiden Texten. Verwenden Sie entsprechende Farben bzw. Unterstreichungsmöglichkeiten (→ Lösung).

Lösungstext:
Par leurs qualités et leurs activités les femmes donnent à la ville un visage plus humain. Elles emploient leurs aptitudes particulières et leur créativité au service des autres sans penser à leur propre profit. Elles s'engagent surtout dans le secteur social; leur domaine préféré sont les associations. Mieux que les hommes elles reconnaissent les problèmes quotidiens des zones sensibles et sont prêtes à offrir leur aide/leur soutien à tous ceux qui sont en difficulté. En luttant avec courage et efficacité elles arrivent à résoudre maints problèmes. C'est ainsi qu'elles contribuent à rendre la vie en ville plus chaleureuse et humaine.

Originaltext:
Il existe un domaine où les citadines se sont silencieusement imposées: les associations. Un gisement de générosité, de talent, d'imagination. Principales victimes de la solitude des grandes villes, elles sont aussi les artisans patients de la solidarité, de «véritables expertes en humanité», comme le définit Anne-Marie Couderc. Dans les quartiers difficiles, les femmes-relais, remarquables médiatrices, jouent un rôle prépondérant. Partout, elles identifient les problèmes, tirent les sonnettes d'alarme, se battent, proposent des solutions. «Elles ne cherchent jamais à en tirer profit. Elles agissent et font un travail essentiel», souligne Catherine Trautmann. Elles apportent à nos cités un supplément de vie, de chaleur et d'espoir.

zu Frage 8:

- Finden Sie heraus, auf welche gegensätzliche Begriffe sich das Paradox bezieht, und was diese Begriffe bedeuten (→ Zwischenlösung 1).

  ______________________ – ______________________

- Worin besteht also das Paradox? (→ Zwischenlösung 2)

  ______________________ – ______________________

  ______________________ – ______________________

- Kommentieren Sie dieses Paradox, indem Sie ein konkretes Beispiel anführen (→ Lösung).

  ____

  ____

zu Frage 9:

- Überlegen Sie sich zunächst, was im Textzusammenhang mit *horaires* und *les lieux à fréquenter* gemeint sein kann. Notieren Sie das stichpunktartig (→ Zwischenlösung).

  horaires:

  les lieux à fréquenter:

- Formulieren Sie anhand dieser Stichpunkte eine Antwort (→ Lösung).

zu Frage 10:

- Suchen Sie die Textstellen heraus, in denen von Männern die Rede ist, und machen Sie sich bewusst, ob diese Aussagen eine Wertung enthalten (→ Zwischenlösung).

-
-
-

- Leiten Sie aus diesen Beobachtungen eine Stellungnahme ab (→ Lösung).

9 Texte und Übungen Niveau III

9.1 La terre coupée en deux

Tout le monde est d'accord pour sauver la Terre. Mais, entre les pays du Nord qui produisent, consomment et polluent et ceux du Sud pour qui le développement est une question de vie ou de mort, le malentendu est profond. Lutter contre le réchauffement du climat, sauver les espèces menacées, préserver les forêts, et surtout promouvoir un nouveau type de croissance, plus respectueux de l'environnement: cela demandera d'immenses efforts. Et beaucoup d'argent. Qui paiera?

L'enjeu: briser la spirale infernale développement – destruction de l'environnement. Inventer un nouvel ordre écologique mondial.

L'idée n'est pas nouvelle. Déjà en 1972, à la conférence de Stockholm, l'alerte avait été donnée. La destruction écologique a pourtant continué, comme si le saccage du patrimoine naturel de l'humanité était l'inévitable rançon de la croissance économique. Mais depuis il y a eu Tchernobyl et Bhopal, les marées noires et l'avancée du désert, les pluies acides et le mitage de la couche d'ozone. Personne ne peut plus être indifférent aux ravages d'une industrialisation mal maîtrisée. La Terre a découvert qu'elle était mortelle. Vingt ans après Stockholm, l'idée de croissance propre a cessé d'être une vision de rêveurs: c'est un impératif.

Mais la mobilisation pour la planète a très vite tourné à la confrontation Nord-Sud. Le Nord prospère contre le Sud déshérité. Riches contre pauvres. «Conservationnistes» contre «développementalistes». A défaut de renoncer à leurs mauvaises habitudes, les pays développés, champions du gaspillage et de la surconsommation, entendent dicter aux pays pauvres un développement «propre», respectueux du capital écologique de la Terre. Tel est le terrible dilemme: si les quelques quatre milliards et demi d'habitants du tiers-monde accédaient à un niveau de production et de consommation comparable au nôtre, la planète ne s'en relèverait pas. Epuisement des matières premières, pollution de l'air et de l'eau, production de déchets domestiques et industriels: tous les problèmes que nous connaissons déjà seraient décuplés.

«Le changement climatique, le trou d'ozone, la diminution de la biodiversité sont des préoccupations de nantis. Nos priorités sont autres. Vous parlez de qualité de la vie. Nous parlons de survie. Nous en sommes encore à trouver les moyens de satisfaire les besoins élémentaires de nos populations. Si vous voulez que nous adoptions un développement propre, commencez par montrer l'exemple. Et aidez-nous financièrement.» Tel est en substance le discours de ceux qui se sont baptisés Groupe 77 (Afrique, Amérique latine, Asie du Sud-Est), en écho au G 7 (les sept pays les plus riches du globe).

Pour régler tous les désaccords entre le Nord et le Sud il faudrait plus que de la bonne volonté, un véritable miracle.

Désormais, l'ONU, les responsables politiques, les mille et une organisations non gouvernementales et tous les citoyens sont appelés à prolonger le débat qui dominera cette fin de millénaire: sur quelle planète voulons-nous vivre?

Extrait de: CAROLINE BRIZARD, La terre coupée en deux, dans: *Le Nouvel Observateur*, mai 1992

Vocabulaire

8 *l'enjeu* (m.): le problème (dont il s'agit); 11 *l'alerte* (f.): signal pour avertir d'un danger; 13 *la rançon:* Lösegeld; 14 *Bhopal:* grave accident chimique aux Indes; *la marée noire:* Ölpest; 15 *le mitage:* Zerfressen (la mite: Motte); 30 *décupler:* multiplier par dix; 31 *la biodiversité:* diversité des espèces; 32 *le nanti:* qui a une situation aisée

Questions sur le texte

Compréhension du texte

1. Expliquez la phrase suivante dans son contexte: «L'enjeu: briser la spirale infernale développement – destruction de l'environnement». (l. 8/9) 10
2. Expliquez la phrase suivante dans son contexte: «La destruction écologique a pourtant continué, comme si le saccage du patrimoine naturel de l'humanité était l'inévitable rançon de la croissance économique.» (l. 11–13) 10
3. Comment l'attitude vis-à-vis de la «croissance propre» (l. 17) a-t-elle changé depuis 1972? 10
4. Comment les pays développés se comportent-ils chez eux et vis-à-vis des pays pauvres? 10
5. En quoi consiste le «dilemme» (l. 25) dont parle Caroline Brizard? 10
6. Quel est le contraste fondamental entre les pays riches et les pays pauvres d'après le Groupe 77? 10

Commentaire de texte

7. Cherchez au moins deux procédés de style et dites dans quel but Caroline Brizard les utilise. 20
8. Est-ce que l'article révèle une prise de position de l'auteur? Justifiez votre réponse. 20

Commentaire personnel

9. «Terriens, vous êtes suicidaires!» (Françoise Harrois-Monin) Choisissez et expliquez trois problèmes qui pourraient justifier cette thèse pessimiste. 40
10. L'an 2 000 est à notre porte: Quels espoirs et quelles angoisses le XXIe siècle évoque-t-il chez vous personnellement? 40
11. Faible natalité dans les pays riches – explosion démographique dans le tiers-monde. Expliquez les causes de ce déséquilibre et décrivez-en les conséquences. 40

9.2 Flambée de violence à l'école

La liste des lycées et collèges où des jeunes sèment impunément la terreur s'allonge chaque jour. Pourtant, un plan antiviolence existe depuis presque un an.

Les casseurs sont parfois distraits. Ceux qui, ces jours derniers, ont agressé une surveillante d'un collège d'Argenteuil, aspergé de gaz lacrymogène et roué de coups le proviseur d'un lycée professionnel de Pantin, blessé à la tête par jet de pierre un professeur d'un collège de Vigneux, lancé un cocktail Molotov en plein conseil de discipline dans un collège de Goussainville – et on en passe – n'ont semble-t-il pas remarqué qu'en mars 1995 le ministère de l'Education a mis en place un plan contre la violence. Un beau plan en douze mesures bien lissées, censé faire reculer la violence dans les enceintes scolaires. Un plan de plus, qui illustre l'impuissance des politiques à endiguer un phénomène qui n'a jamais autant fait rage.

Pas de semaine, en fait, sans que de tels incidents se produisent. Chaque ville moyenne de France a désormais ses cités à problèmes. Et donc ses établissements «sensibles», c'est-à-dire dangereux. Mais le phénomène a tendance à s'étendre: les incidents éclatent ces jours-ci dans des collèges et lycées qui ne sont même pas classés en «zone d'éducation prioritaire»!

Un palier est aussi franchi dans le ras-le-bol des profs. Las de subir à longueur d'années la loi des petits caïds et de vivre dans la terreur, de plus en plus d'équipes pédagogiques au grand complet se mettent en grève. Une sorte d'appel au secours, quand tous les autres moyens ont échoué. Face à leur désespoir, l'Education nationale est désormais contrainte de sortir de son mutisme traditionnel. Confronté dès sa nomination à une vague de violence, François Bayrou a retroussé les manches. Hélas! les douze mesures que comportait son plan antiviolence de mars 1995 sont pour la plupart restées en carafe.

En réalité, les douze mesures de Bayrou enrobaient un gros morceau, la mesure n 5. Il s'agissait d'inciter l'Education nationale, la police et la justice à mieux coopérer. A l'image de ce qu'a fait depuis trois ans en Seine-Saint-Denis un inspecteur d'académie dynamique et médiatique, Yves Bottin, pour mettre fin à la loi du silence et à l'impunité des élèves violents. Délits systématiquement signalés et traitement rapide par la justice. C'est ainsi que ce département, réputé le plus dur de France, est relativement épargné par l'actuelle vague de violence.

L'exemple de la Seine-Saint-Denis fait lentement école. Mais, preuve qu'on est loin du compte, des enseignants sont contraints un peu partout de cesser les cours pour attirer l'attention et obtenir des moyens supplémentaires, c'est-à-dire des classes moins chargées et la présence d'adultes plus nombreux dans les établissements.

Tous les enseignants le constatent: il suffit de quelques élèves pour «pourrir» une classe, pour détériorer le climat dans un établissement. Pourtant, de peur d'ébrécher le dogme du «collège unique» instauré il y a vingt ans, l'Education nationale se refuse à mettre en place des filières spécifiques dès la cinquième pour ces élèves en échec qui sèment le trouble, vouant ainsi des classes entières à être déstabilisées. Telle est pourtant la solution que réinventent spontanément certaines équipes pédagogiques, comme celle du collège Jules-Verne des Mureaux, qui ont isolé dans une classe à part la quinzaine de principaux perturbateurs. Une manière de recréer des filières-ghettos? «Pas si l'on mettait en place des filières qualifiantes, à base de sport, d'horaires aménagés, permettant aux élèves décrochés de se revaloriser à leurs propres yeux et de donner un sens à leur scolarité», répond un spécialiste des jeunes «en galère». C'est, au minimum, une manière de préserver les autres élèves, à défaut de régler des problèmes qui dépassent largement l'école.

D'ici là, il faudra bien que les profs continuent de subir les méfaits d'une minorité. Et, malgré ce qu'en disait François Bayrou dans son livre «La décennie des mal-appris», d'être dans leur classe à la fois Socrate et Tarzan ...

Extrait de: François Dufay, Flambée de violence à l'école, dans: *Le Point* numéro 1220, 3 février 1996, p. 38–40

Vocabulaire

4 *le casseur:* Randalierer; 5 *le gaz lacrymogène:* Tränengas; 11 *lissé,e:* glatt, geglättet; 12 *l'enceinte* (f.) *scolaire:* Schulgelände; 13 *endiguer:* eindämmen; 18 *(l'école en) zone d'éducation prioritaire:* Problemschule; 19 *le palier:* Stufe; 21 *au grand complet:* sans que personne ne manque; 24 *le mutisme:* refus de parler; 25 *François Bayrou:* ministre de l'Education nationale; 27 *rester en carafe:* (fam.) ins Stocken geraten, vergessen werden; 31 *l'inspecteur d'académie:* Schulrat; 37 *être loin du compte:* se tromper de beaucoup; 43 *ébrécher:* ici: beschädigen, aufweichen; 44 *la filière spécifique:* ici: Spezialklasse; 51 *décroché,e:* abgehängt, gescheitert; 52 *en galère:* en difficulté

Questions sur le texte

Compréhension du texte

1. Par quelle mesure le ministre de l'Education nationale a-t-il essayé de faire face au problème de la violence à l'école? Quelle est l'idée centrale de cette mesure? 10
2. Dans quelles sortes d'établissements scolaires les incidents de violence se produisent-ils? 10
3. Comment Yves Bottin a-t-il réussi à diminuer la violence en Seine-Saint-Denis? 10
4. Comment les enseignants réagissent-ils à la violence? Qu'est-ce qu'ils revendiquent? 10
5. Quelle solution le collège Jules-Verne des Mureaux a-t-il trouvée pour réduire la violence dans les classes? De quelle manière une telle solution pourrait-elle aider tous les élèves, violents ou non-violents? 20

Commentaire de texte

6. Dans quel but l'auteur énumère-t-il, au début de son article, tant d'exemples récents de la violence à l'école? 10
7. Expliquez ce que l'auteur veut dire en affirmant à la fin de son article que les professeurs doivent «être dans leur classe à la fois Socrate et Tarzan». 10

Commentaire personnel

8. Quelles pourraient être, à vos yeux, les causes de la flambée de violence à l'école? 40
9. Comment imaginez-vous une école qui réponde aux besoins du XXIe siècle? 40
10. En France, tous les élèves de 11 à 16 ans vont au «collège unique». Pesez le pour et le contre de ce système scolaire. 40

9.3 Faut-il avoir peur des clones?

Le spectre de l'homme cloné nous hante. Les chercheurs qui ont «inventé» la brébis Dolly nous parlent d'applications visant avant tout à guérir les humains, mais les médias imaginent d'abord des horreurs: armées d'esclaves photocopiés à partir d'un prototype, troupeaux de sous-hommes porteurs d'organes prêts à greffer, milliardaires et autres riches égomaniaques faisant exécuter un double d'eux-mêmes ...

De fait, il y a des raisons de s'inquiéter. Les candidats au clonage se bousculent déjà. Jan Wilmut, qui dirige l'équipe du Roslin Institute d'Edimbourg, où la brebis Dolly a vu le jour, confie qu'il a déjà reçu «des centaines de lettres, émanant surtout de femmes désireuses d'être clonées». Aux Etats-Unis, l'hebdomadaire *Time* a immédiatement commandé un sondage qui a obtenu quelque 7 % de réponses positives à la question: «Si vous en aviez la possiblité, vous feriez-vous cloner?» Voilà qui représente un nombre préoccupant de gens contents d'eux-mêmes ... Les pessimistes, ceux qui ont du mal à croire que Dolly puisse être utile à quoi que ce soit, pourraient se réjouir au moins de ce que la brébis la plus médiatisée de l'Histoire ait provoqué un mouvement de prise de conscience: c'est «Dolly, fais-moi peur».

Mais pour que cette peur soit utile, encore faudrait-il qu'elle ne se trompe pas de cible, qu'elle nous prépare à amortir les vrais chocs que la biotechnologie nous réserve. Attention, le clone pourrait bien être un arbre qui cacherait l'épouvantable forêt de problématiques bioéthiques.

Des conséquences très simples des progrès du génie génétique poseront très tôt des problèmes sérieux. C'est ainsi qu'il faut faire prendre conscience au public que l'information génétique concernant une personne sera bientôt une substance à manipuler avec autant de précautions que la nitroglycérine. Votre employeur, votre assureur ont-ils besoin de savoir que vous êtes porteur de tel ou tel gène prédisposant à telle ou telle maladie? Devez-vous vous-même l'apprendre? Vos enfants doivent-ils savoir qu'ils en ont peut-être hérité? Etc. En attendant, ce sont les clones qui effraient ...

Mais perçoit-on bien la véritable nature de ce que l'on croit craindre? Que serait un clone d'homme concret, le clone de mon voisin de palier, Marcel Martin, expert-comptable, 41 ans? Il s'agirait d'un être humain de même sexe, même groupe sanguin et avec des yeux bleus comme Marcel. Mais il commencerait par être un bébé. En comparant avec les photos de Marcel bébé, on ne manquerait pas de remarquer une ressemblance frappante. Normal, si Marcel junior a été fabriqué de la même manière que Dolly.

Pourtant, nous avons déjà glissé vers le simplisme, donc dans le faux. Car un nouveau-né ne se déduit pas mathématiquement de la petite graine plantée neuf mois plus tôt. Dans le ventre de leurs mères, au cours de grossesses distantes d'une génération, les deux prétendus clones n'ont pas été plongés dans les mêmes bains de sensations. Dans les dernières semaines, à l'âge où l'oreille commence à se former au répertoire sonore de la langue maternelle et au monde environnant, ils ont vécu des expériences très différentes. La mère du Marcel original écoutait Luis Mariano, fumait et adorait l'ail, celle de Marcel bis n'écoutait que du rap, roulait au Coca light et se parfumait au CK One.

Bref, dès la naissance, nos deux Marcel sont un peu différents de partout, nettement plus que deux vrais jumeaux. Lesquels, d'ailleurs, ne sont jamais tout à fait identiques ... Mais c'est une fois dehors que le petit homme façonne l'essentiel de sa personnalité. Il sort avec le cerveau le plus immature de tout le règne animal: au lieu d'être largement précâblé, comme chez un mammifère ordinaire, son système nerveux tisse encore longtemps pendant l'enfance ses réseaux en fonction du vécu de l'individu, de l'expérience unique qu'il vit et conduit. Et ce n'est qu'un début: sa vie durant, la personne humaine se construit et s'invente, au contact d'une société, à un certain moment de l'histoire de l'humanité.

Comme il y a peu de chances que nos deux Marcel soient élevés dans des contextes semblables, rien n'empêche que le nouveau venu soit très hip hop, zen, écolo, marrant, quand le donneur du génome était catho, facho, pas rigolo, ou l'inverse. De plus, même s'ils mangent tous les deux de la soupe, il y a de bonnes chances pour que Marcel bis fasse au final quelques bons centimètres de plus que son modèle.

Etant donné les rôles respectifs de l'inné et de l'acquis dans la détermination de la personnalité, on peut même affirmer sans risque que des clones seulement culturels ont plus de chances de se ressembler que des clones génétiques implantés après leur naissance dans des ambiances familiales et culturelles différentes.

Tout cela nous rappelle que le monde réel est déjà peuplé de toute sorte de clones plus ou moins approximatifs, des vrais jumeaux jusqu'aux faux Elvis Presley, et que les clones parfaits n'existent que dans une certaine littérature, bref, dans nos têtes.

Extrait de: PIERRE VANDEGINSTE, Faut-il avoir peur des clones?, dans: *L'Evénement du Jeudi,* 6–12 mars 1997, p. 16–21

Vocabulaire

0 *le clone:* ensemble des individus génétiquement semblables; 2 *la brébis Dolly:* premier animal cloné; 5 *greffer:* verpflanzen; 19 *la cible:* Ziel(scheibe); 19/20 *la biotechnologie:* ici: la génétique; 21 *les problématiques bioéthiques:* problèmes éthiques liés à la biotechnologie; 22 *le génie génétique:* la génétique; 25 *la nitroglycérine:* constituant essentiel de la dynamite; 31 *le voisin de palier:* Stockwerksnachbar; 45 *Marcel bis:* Marcel deux; 45/46 *le CK One:* parfum de Calvin Klein; 51 *immature:* qui n'a pas atteint la maturité; *précâblé,e:* vorgeprägt; 52 *le mammifère:* Säugetier; 59 *zen*: Zenbuddhismus; *écolo*: (abr.) écologique; *le génome:* Genom, Chromosomensatz, *catho* (abr.): catholique, *facho* (abr.): fasciste; 63 *l'inné* (m.): das Angeborene; *l'acquis* (m.): das Erworbene

Questions sur le texte

Compréhension du texte

1. En quoi l'attitude des chercheurs et des médias vis-à-vis des possibilités du clonage diffère-t-elle? 15
2. Quel est – aux yeux des pessimistes – l'aspect positif de ce récent progrès scientifique? 10
3. Qu'est-ce que l'auteur veut dire par la phrase: «le clone pourrait bien être un arbre qui cacherait l'épouvantable forêt de problématiques bioéthiques» (l. 20/21)? 10
4. Comment la génétique pourra-t-elle bientôt influencer la vie de chacun? 15
5. a) Pourquoi deux êtres humains clonés ne pourront-ils jamais être identiques au moment de leur naissance?
   b) Qu'est-ce qui fait plus tard l'identité d'un individu? 20

Commentaire de texte

6. Pourquoi le désir de se faire cloner est-il plus fort chez les femmes que chez les hommes (v. l. 10)? 10
7. Qu'est-ce que l'auteur pourrait entendre par «clones culturels» (l. 64/65)? Illustrez cette idée. 10
8. De quelle manière l'auteur traite-t-il le sujet scientifique? Caractérisez la langue du texte et dites en quoi le style souligne l'intention de l'auteur. 20

Commentaire personnel

9. Avez-vous confiance en la science? Justifiez votre réponse par des exemples concrets. 40
10. Tout ce qui est faisable sera finalement réalisé. Imaginez les conséquences d'une telle vision. Rédigez un scénario de science-fiction. 40
11. Pourquoi y a-t-il beaucoup plus d'hommes que de femmes scientifiques? 40

Lösungen

7.1 Le VTT, star à la ville comme à la campagne

Fragen 1–3

Zwischenlösung

Frage 1: Z. 3–5
Frage 2: Z. 7–9
Frage 3: Z. 16–17

Lösung

1. Autrefois, le VTT était surtout utilisé en dehors des centres urbains; aujourd'hui, on s'en sert de plus en plus souvent dans la ville.
2. En Allemagne, plus d'un quart des citadins se déplace(nt) en vélo tandis qu'en France, c'est moitié moins.
3. Il y a quelques années encore on ne rencontrait que très peu de cyclistes à Paris et on les prenait pour des êtres étranges.

Frage 4

Zwischenlösung

Les raisons qui expliquent le succès actuel du vélo au centre-ville:
- nouvelle image, plus moderne
- avoir une voiture ou une moto n'est plus «branché»
- la circulation urbaine: encombrements, problèmes de stationnement, bruit, pollution
- surfréquentation des transports en commun
- déplacement individuel et vitesse
- préoccupations de santé et économiques

Lösung

Il a y un grand nombre de raisons qui expliquent la popularité du VTT. Premièrement, c'est devenu un véhicule moderne qui ne ressemble plus au vélo traditionnel. Par conséquent, les jeunes n'ont plus besoin d'une voiture ou d'une moto pour être à la mode. En plus, le vélo permet d'éviter les nuisances de la circulation urbaine: les embouteillages, le manque de parkings, l'air pollué. A cela s'ajoute l'aversion croissante envers les transports publics toujours bondés. En outre, on est plus libre et se déplace souvent plus rapidement. Finalement, le vélo est moins nuisible à la santé et coûte moins cher que la voiture.

7.2 Enquête au pays de la bonne bouffe

Frage 1

Lösung

Autrefois, on faisait ses courses sur le marché d'à côté où on achetait des produits du terroir/typiques de la région. Quoique ces fruits et légumes aient été moins appétissants que ceux d'aujourd'hui, ils étaient toujours frais et avaient un goût/une saveur plus délicieux/se. Bien sûr, les paysans ne vendaient que ce qu'offrait la saison.
Aujourd'hui, on ne dépend plus de la récolte locale: grâce aux facilités de l'importation, les produits les plus exotiques sont en vente pendant toute l'année. Cela les rend naturellement plus chers. En plus, les habitants des villes s'éloignent du cycle naturel des saisons.

Frage 2

Lösung

En faisant allusion aux pays pauvres qui cultivent des fruits et légumes pour les pays riches, l'auteur critique l'attitude des Européens qui vivent dans le luxe aux dépens de ceux qui n'ont pas assez à manger.

Frage 3

Zwischenlösung

Elemente der Antwort:	Umformulierungsmöglichkeiten:
– ne déjeune pas chez lui	– ne rentre pas pour prendre le déjeuner; s'alimente à l'extérieur
– mange vite	– prend un repas rapide; consacre peu de temps au déjeuner
– mange à bon marché	– prend un repas qui ne coûte pas cher; ne veut pas dépenser beaucoup d'argent
– les bistros et autres petits restaurants deviennent de plus en plus rares	– ... disparaissent, font place aux chaînes de fast-food; la restauration rapide remplace les petits restaurants traditionnels

Lösung

La moitié des Français ne rentrent pas chez eux pour prendre le déjeuner. Ils prennent un repas rapide qui ne coûte pas cher. De plus en plus de restaurants disparaissent pour faire place aux chaînes de fast-food.
oder:
50 pour cent des Français s'alimentent à l'extérieur. Ils consacrent peu de temps au déjeuner et ne veulent pas dépenser beaucoup d'argent. La restauration rapide remplace de plus en plus les petits restaurants traditionnels.

Frage 4

Lösung

c und d ergeben die Antwort:
Ce que les Français mangent chez eux n'est pas toujours meilleur que les plats rapides du fast-food. La femme française n'a pas le temps de choisir les meilleurs produits ni de préparer les repas avec soin.

Frage 5

Lösung

L'auteur veut que le lecteur réfléchisse à la manière dont se nourrissent les Français. Les titres révèlent que la cuisine française n'est plus ce qu'elle était. (Auch alle anderen Satzkombinationen sind sinnvoll.)

7.3 Jeunes: Ne touche pas à mon look

Textaufbau und Zuordnung der Fragen

Lösung 1

1. Abschnitt: Jeunes, parents, profs vis-à-vis du look
2. Abschnitt: Un incident au collège
3. Abschnitt: La fonction du look
4. und 5. Abschnitt: Le look et le conflit des générations
6. Abschnitt: Le look et le monde du travail
7. und 8. Abschnitt: Expériences personnelles

Lösung 2

Frage 1: 2. Abschnitt
Frage 2: 3. Abschnitt
Frage 3: 4. Abschnitt
Frage 4: 5. Abschnitt
Frage 5: 7. und 8. Abschnitt

Frage 1

Zwischenlösung

cause: note de service pour réglementer le style vestimentaire (casquettes, chaussures à bouts renforcés, tenues indécentes)
réaction: résistance, grève des collégiens
solution: retrait de la note dictatoriale

Lösung

Mme Brincourt, principal d'un collège à Orange, a voulu interdire que les élèves mettent/portent *(= subj.)* certains vêtements branchés/à la mode en classe.
Ce qu'elle ne voulait pas tolérer, c'étaient des habits provocants qui, à son avis, choquent le bon goût.
Les élèves ont réagi immédiatement: ils se sont opposés à cette interdiction en organisant une grève.
Le lendemain, Mme Brincourt a cédé à la protestation des élèves et a retiré son ordre draconien.

Frage 2

Zwischenlösung 1

- meilleur moyen de se distinguer du monde adulte
- revendiquer son adhérence à un style culturel, musical et sportif = affirmer une appartenance

Zwischenlösung 2

– se distinguer du monde adulte:	être différent des grandes personnes; s'opposer à la génération des parents
– revendiquer son adhérence à:	prouver/démontrer qu'on appartient à
– affirmer son appartenance (à):	manifester/souligner qu'on fait partie de

Lösung

Pour beaucoup de jeunes, le choix des vêtements est premièrement/en premier lieu une possibilité d'être différents des grandes personnes/de s'opposer à la génération des parents. C'est ainsi qu'ils prouvent/démontrent qu'ils appartiennent à un certain groupe/qu'ils font partie d'un certain groupe en ce qui concerne la culture, la musique ou le sport.

Frage 3

Lösung

Antwortmöglichkeit d gibt den Sinn des Satzes am genauesten wieder.

Frage 4

Zwischenlösung

- sorties, soirées, heures de retour
- négociations de voyages entre copains

Lösung

Les conflits éclatent surtout parce que les jeunes veulent sortir et se distraire avec leurs copains et qu'ils n'acceptent pas de rentrer à l'heure fixée/prescrite par leurs parents. En plus, beaucoup de jeunes préfèrent partir en vacances avec leurs amis ce qui déplaît souvent aux parents.

Frage 5

Zwischenlösung

Michel: expérience: raser ma barbiche
réaction et conséquence: il faut tout avaler; atteinte à sa dignité
Josette: expérience: enlever le petit brillant épinglé à sa narine gauche
réaction et conséquence: elle a refusé ...; elle s'est fait virer

Lösung

Michel a été forcé par son patron d'enlever sa petite barbe. Bien qu'il ait obéi sans protester, il a considéré cette mesure comme une attaque/offense à sa liberté personnelle et comme une profonde humiliation.
Josette à qui on a interdit de porter un petit bijou dans le nez n'a pas voulu se soumettre à cet ordre qui ne lui semblait pas justifié. Ce refus lui a coûté le poste.

8.1 Les jeunes: la galère jusqu'à trente ans

Frage 1

Zwischenlösung 1

d'une part: – être bien formé
– être mobile
– être disposé à faire de son mieux
d'autre part: on leur ferme les portes des entreprises
parce que: – pas assez d'expérience
– pas de «bon» diplôme

Zwischenlösung 2

– être bien formé:	avoir reçu une bonne formation professionnelle; être diplômé
– être mobile:	être flexible, être prêt à se déplacer
– être disposé à faire de son mieux:	être très motivé, être prêt à faire des efforts, à travailler dur
– on leur ferme les portes des entreprises:	on ne les embauche pas, ils sont refusés
– pas assez d'expérience:	manquer de pratique, ne pas connaître la vie active, être débutant
– pas de «bon» diplôme:	pas l'examen nécessaire, pas le diplôme qu'il faut

Lösung

Les jeunes d'aujourd'hui ont reçu une bonne formation; ils sont flexibles et prêts à faire de grands efforts. Malgré ces avantages/atouts, ils sont refusés par les chefs d'entreprises parce qu'ils sont débutants ou qu'ils n'ont pas l'examen nécessaire.
oder:
Les jeunes d'aujourd'hui ont plus de problèmes que jamais à trouver un emploi bien qu'ils soient *(subj. nach bien que!)* diplômés, flexibles et bien motivés. Ils ne sont pas embauchés parce qu'ils ne connaissent pas la vie active ou qu'ils n'ont pas le diplôme qu'il faut. (On leur reproche de manquer de pratique ou d'avoir fait de «fausses» études.)

Frage 2

Zwischenlösung 1

la situation du père: – choix entre plusieurs boulots
– boulots correspondant aux études
la situation du fils: être successivement vendeur, animateur, serveur

Zwischenlösung 2

– choix entre plusieurs boulots:	pouvoir choisir entre plusieurs postes intéressants, avoir un diplôme offrant des débouchés, avoir toutes les chances sur le marché du travail
– boulots correspondant aux études:	trouver un travail qui reflète le niveau d'études
– être successivement vendeur, animateur, serveur:	faire un travail qui n'a rien à voir avec les études qu'on a faites, devoir accepter des jobs qui ne demandent aucune formation spéciale

Lösung

Après 68, le marché du travail offrait toutes les chances à ceux qui sortaient de l'université (qui avaient fait des études supérieures); ils pouvaient choisir entre plusieurs postes intéressants. Aujourd'hui, par contre, les jeunes débutants ne peuvent plus espérer trouver un travail qualifié qui reflète leur niveau d'études. Ils doivent accepter des jobs qui ne demandent aucune formation spéciale.

Frage 3

Zwischenlösung 1

- la période de vaches maigres dure plus longtemps
- des boulots moins qualifiés
- (des boulots) moins rémunérateurs
- (des boulots) sans perspectives de carrière

Zwischenlösung 2

- la période de vaches maigres dure plus longtemps: l'insertion dans la vie professionnelle/active est plus longue
- des boulots moins qualifiés: des postes sous-qualifiés, «déclassés» (l. 31), ne correspondant pas à la formation professionnelle
- des boulots moins rémunérateurs: des emplois mal payés
- des boulots sans perspective de carrière: des emplois sans possibilité de promotion sociale, sans perspective d'avenir

Lösung

Pour les jeunes d'aujourd'hui, l'insertion dans la vie professionnelle/active est plus longue qu'autrefois. En plus, ils doivent se contenter de postes sous-qualifiés, mal payés et sans perspective d'avenir.

Frage 4

Zwischenlösung 1

- ils s'installent en couple de plus en plus tard
- des bébés ne sont pas d'actualité
- ils accumulent des diplômes de plus en plus pointus

Zwischenlösung 2

- ils s'installent en couple de plus en plus tard: tarder à se marier
- des bébés ne sont pas d'actualité: hésiter à avoir des enfants
- ils accumulent des diplômes de plus en plus pointus: se spécialiser de plus en plus, prolonger ses études, faire durer le temps des études

Lösung

Ne trouvant pas d'emploi qualifié, les jeunes tardent à se marier et hésitent à avoir des enfants. Pour améliorer leur situation sur le marché du travail, ils prolongent leurs études en se spécialisant de plus en plus.

8.2 Ces beurs qui ne veulent plus de leur nom

1. Pour justifier son affirmation, Mohamed Belkacem parle de ses expériences sur le marché du travail et du logement. Chaque fois qu'il rédige une demande d'emploi, il attend en vain qu'on lui réponde (= *subj.*). Et quand il essaie de louer une chambre on lui dit qu'elle n'est plus libre.

2. Il a peur que ses copains le reconnaissent *(= subj.)* et le méprisent *(= subj.)* encore davantage parce qu'à leurs yeux il a déjà trahi son identité.

3. La plupart des beurs portent leur nom arabe avec fierté et, par conséquent, ils ne sont pas prêts à y renoncer. Ils se sentiraient humiliés, s'ils cédaient à la discrimination en adoptant un nom français.

4. Par cette phrase Saadia Sahali veut dire que même en portant un nom français on aura toujours la physionomie/le physique d'un étranger et sera donc reconnu comme tel.

5. Les agences d'intérim n'embauchent pas de demandeurs d'emploi maghrébins. Elles justifient ce refus en disant que les employeurs n'acceptent que les Français.

6. En faisant allusion aux couleurs du drapeau français le responsable d'une agence d'intérim veut faire entendre que beaucoup de patrons français sont nationalistes.

8.3 Les femmes jugent leur ville

Frage 1

Zwischenlösung

- 22 millions de femmes installées dans la cité
- Qu'en sait-on? Pas grand-chose. Qui s'y intéresse? Pas grand-monde.
- les femmes sont partie prenante dans la vie urbaine
- une politique municipale qui se décide, globalement, sans elles

Lösung

Bien qu'il y ait plus de 20 millions de femmes dans les villes, leur situation suscite peu d'intérêt. Malgré le rôle important qu'elles jouent dans la vie quotidienne, elles n'ont guère d'influence sur les décisions municipales.

Frage 2

Lösung

Il est captivant d'apprendre comment les citadines jugent les conditions de vie dans les grandes métropoles.
oder:
Cette image détaillée des centres urbains vus dans une perspective féminine suscite notre intérêt.
(Die zweite Lösung ist näher am Text.)

Frage 3

Lösung

Les femmes des grandes villes déplorent d'être insuffisamment représentées dans la vie politique. A Strasbourg, par contre, où il y a une femme maire, elles ont plus de possiblités de participer aux décisions concernant leur ville.

Frage 4

Zwischenlösung

- ... dont les hommes ne veulent plus s'occuper
- La cité est une structure millénaire.

Lösung

Dans les petites communes, les femmes occupent assez souvent des postes à responsabilités parce que ces fonctions ont trop peu d'attrait pour les hommes. Dans les grandes villes, les structures politiques sont figées depuis des siècles. Le pouvoir y a une longue tradition masculine.

Frage 5

Zwischenlösung

- elles privilégient le fonctionnel
- leur expérience propre, leur vie professionnelle et familiale
- s'intéresser aux détails de la vie quotidienne
- un rapport à la quotidienneté
- un sens pratique
- ressentent les manques et les ratés de la vie quotidienne

Lösung

Au cours de sa vie, une femme acquiert des expériences multiples parce qu'elle doit souvent réconcilier deux métiers, celui de femme active et de mère de famille. Cette double fonction fait qu'elle ne perd jamais de vue les petits problèmes de tous les jours. C'est ainsi qu'elle ne développe pas seulement ses capacités intellectuelles mais aussi son talent/aptitude de trouver des solutions pratiques. Comme elle s'occupe souvent des personnes ayant besoin d'aide, elle sait mieux que l'homme ce qui est nécessaire et utile pour les habitants d'une ville.

Frage 6

Lösung

D'un côté, la ville offre aux femmes actives un plus grand choix de postes et la possibilité de se déplacer librement, ce qui leur permet de mieux se réaliser. De l'autre, les femmes y sont particulièrement exposées aux crises économiques et sociales, surtout si elles sont mères célibataires.

Frage 7

Zwischenlösung

qualités: générosité, talent, imagination, solidarité, un supplément de vie, de chaleur, d'espoir

activités: travail dans les associations, dans les quartiers difficiles, médiatrices, identifier les problèmes, tirer les sonnettes d'alarme, se battre, proposer des solutions

Lösung

Lösungstext:
Par leurs qualités et leurs activités les femmes donnent à la ville un visage plus humain. Elles emploient leurs aptitudes particulières et leur créativité au service des autres sans penser à leur propre profit. Elles s'engagent surtout dans le secteur social; *leur domaine préféré sont les associations.* Mieux que les hommes elles reconnaissent **les problèmes quotidiens des zones sensibles** et *sont prêtes à offrir leur aide/leur soutien* à tous ceux qui sont en difficulté. *En luttant avec courage et efficacité* elles arrivent à *résoudre maints problèmes*. C'est ainsi qu'elles contribuent à rendre la vie en ville plus chaleureuse et humaine.

Originaltext:
Il existe un domaine où les citadines se sont silencieusement imposées: *les associations.* Un gisement de générosité, de talent, d'imagination. Principales victimes de la solitude des grandes villes, elles sont aussi les artisans patients de la solidarité, de «véritables expertes en humanité», comme le définit Anne-Marie Couderc. **Dans les quartiers difficiles,** les femmes-relais, remarquables médiatrices, jouent un rôle prépondérant. Partout, *elles identifient les problèmes, tirent les sonnettes d'alarme, se battent, proposent des solutions.* «Elles ne cherchent jamais à en tirer profit. Elles agissent et font un travail essentiel», souligne Catherine Trautmann. Elles apportent à nos cités un supplément de vie, de chaleur et d'espoir.

Frage 8

Zwischenlösung 1

l'ailleurs (das Entfernte) – le proche (das nahe Gelegene)

Zwischenlösung 2

beaucoup d'information sur l'ailleurs – peu d'information sur le proche

Lösung

De nos jours, les mass-médias nous informent souvent mieux de ce qui se passe loin de nous que des événements qui se produisent dans notre entourage. C'est ainsi que nous sommes p. ex. au courant d'une famine dans un pays africain tout en ignorant la misère dont souffrent les habitants de notre ville.

Frage 9

Zwischenlösung

horaires:	l'emploi du temps personnel, p. ex.: les heures de travail, les heures de classe des enfants, les horaires des transports
les lieux à fréquenter:	les déplacements quotidiens: domicile – lieu de travail – école(s)

Lösung

Par cette phrase l'auteur fait allusion aux multiples contraintes auxquelles les femmes sont soumises et qui résultent des emplois du temps des différents membres de la famille et des déplacements nécessaires. Avant de se rendre à son lieu de travail une femme doit souvent emmener ses enfants à l'école. Après le travail elle se hâte de faire les courses et de rentrer pour préparer le dîner. Dans une grande ville les trajets qu'elle a à faire sont souvent longs et fatigants.

Frage 10

Zwischenlösung

- les petites communes dont les hommes ne veulent plus s'occuper
- les édiles privilégient le monumentalisme
- les maires aiment inaugurer le béton

Lösung

Dans le texte, il n'est guère question des hommes. Ils jouent un rôle très marginal. Sylvie O'Dy ne les mentionne que dans un seul paragraphe. Le jugement qu'elle y porte sur eux est nettement négatif: ils sont représentés comme étant très autoritaires, ne s'intéressant qu'au pouvoir.

9.1 La terre coupée en deux

Compréhension du texte

1. Par cette phrase l'auteur veut dire qu'il est urgent de rompre le cercle vicieux qui fait que la croissance économique s'effectue aujourd'hui aux dépens de l'équilibre de la nature.

2. D'après l'auteur, l'homme ne cesse pas de porter atteinte à l'environnement croyant que le gaspillage des ressources est le prix qu'il faut payer pour garantir le progrès économique.

3. En 1972, la «croissance propre» n'était pas encore un sujet d'actualité. A part quelques idéalistes, personne ne la jugeait urgente. Face à l'aggravation des problèmes écologiques on a reconnu que la croissance propre était la seule possibilité de sauver le monde.

4. Tout en vivant dans l'abondance et en gaspillant les ressources naturelles les pays industrialisés demandent aux pays en voie de développement de renoncer à une industrialisation rapide pour sauvegarder la nature.

5. Le dilemme est qu'au fond personne ne peut souhaiter que les pays du tiers-monde réussissent à produire et à consommer autant que nous. La terre ne pourrait pas survivre à un tel développement car cela signifierait que tous les problèmes écologiques seraient multipliés.

6. D'après le Groupe 77 l'intérêt porté à la sauvegarde de l'environnement par les pays développés est un luxe que seuls les riches peuvent se payer. Pour le tiers-monde il ne s'agit pas de rendre la vie quotidienne un peu plus agréable, mais de trouver les moyens de faire survivre ses habitants.

Commentaire de texte

7. Les deux procédés de style qui sautent aux yeux sont l'antithèse et l'énumération.
   A plusieurs reprises, Caroline Brizard oppose les pays riches aux pays pauvres (l. 1–3, 20/21, 32/33) pour souligner le contraste insurmontable entre ces deux mondes. En énumérant les catastrophes écologiques et les mesures qu'il faut prendre pour y remédier (l. 4–7, 13–15, 27–29, 31), elle fait appel aux lecteurs pour qu'ils comprennent l'urgence du problème traité.

D'autres procédés de style sont: personnification de la «Terre» (l. 1, 24); expressions métaphoriques «la spirale infernale» (l. 8) et «l'inévitable rançon de la croissance économique» (l. 12/13); phrases elliptiques pour souligner le contraste (l. 20/21).

8. Bien que Caroline Brizard essaie de décrire «la confrontation Nord-Sud» d'une manière objective, le lecteur a l'impression qu'elle se range plutôt du côté des pays déshérités. Cela se manifeste surtout par le choix du vocabulaire qui révèle une certaine critique du comportement des pays riches: «ravages d'une industrialisation mal maîtrisée» (l. 16) ou «champions du gaspillage et de la surconsommation» (l. 22/23). En plus, elle donne aux pays du tiers-monde la possibilité d'expliquer leur situation en citant un représentant du Groupe 77.

Commentaire personnel

9. – le trou dans la couche d'ozone:
   - manque de protection contre le rayonnement ultra-violet (cancer de la peau)
   - augmentation de l'effet de serre
   - réchauffement de la terre

   – le risque nucléaire:
   - explosion d'une centrale nucléaire
   - contamination radioactive de la population
   - impossibilité d'éliminer les déchets nucléaires
   - vol de matières radioactives et chantage (terroristes)

   – le risque génétique:
   - fruits et légumes génétiquement modifiés
   - organismes mutants contaminant la planète et créant de nouvelles maladies
   - problème de l'eugénisme: désir de l'enfant parfait, par conséquent discrimination des handicapés

10. – espoirs:
    - la possibilité de guérir les maladies graves comme le sida, le cancer
    - une vie plus agréable grâce aux technologies modernes: facilités de communication et de voyages, confort privé
    - de nouvelles formes de travail (p. ex. télé-travail), plus de loisirs

- angoisses:
  - le manque d'emplois, le chômage
  - les catastrophes écologiques (v. le texte)
  - de nouvelles épidémies et des risques génétiques
  - l'envahissement par les étrangers

11. causes:
    - faible natalité dans les pays riches:
      - possibilité de la contraception
      - primauté d'une vie dans le confort
      - tendance à mener une vie célibataire
      - peur de l'avenir (emploi, environnement)
    - explosion démographique dans le tiers-monde:
      - contrôle de naissance insuffisant
      - enfants considérés comme un objet de fierté,
      - une précieuse main-d'œuvre, une assurance vieillesse

    conséquences:
    - inégale répartition des richesses de la planète
    - aggravation du conflit Nord-Sud
    - flux migratoires vers les pays riches
    - xénophobie croissante dans les pays industrialisés

9.2 Flambée de violence à l'école

Compréhension du texte

1. Le ministre de l'Education nationale a pris l'initiative en concevant un «plan antiviolence» pour combattre les actes de violence dans les établissements scolaires. Ce projet contient douze points qui se résument plus ou moins dans la mesure n. 5 exigeant/préconisant une meilleure coopération des trois institutions concernées: l'école, la police et la justice.

2. Aujourd'hui toutes les villes moyennes ont des quartiers difficiles où la violence à l'école est un phénomène courant. Récemment ce problème s'est encore aggravé/a pris de l'ampleur en touchant également les collèges et lycées en dehors des zones sensibles/précaires.

3. Yves Bottin a décidé de ne plus passer sous silence les actes criminels commis dans les écoles et de veiller à ce que les coupables soient punis. Ainsi les jeunes délinquants sont dénoncés à la police et aussitôt jugés par le tribunal.

4. Pour attirer l'attention sur leur situation intolérable et pour signaler qu'ils ne sont plus prêts à supporter la violence quotidienne, nombre de professeurs refusent le travail et font grève. Ils exigent plus de moyens financiers pour créer des postes qui permettraient d'en finir avec les classes surchargées et de mieux encadrer les élèves.

5. Le collège Jules Verne a créé une classe spéciale qui rassemble tous les élèves violents qui ne réussissent pas leur scolarité. Mais pour éviter que les élèves de cette classe soient marginalisés/ghettoïsés, il faudra adapter l'enseignement à leurs besoins; on devrait leur offrir un emploi du temps spécifique avec beaucoup de sport et d'autres activités qu'ils considèrent comme utiles à leur formation et qui leur procurent ainsi un sentiment de leur propre valeur. En même temps cette solution permettrait aux élèves non-violents de travailler plus efficacement/sans être dérangés.

Commentaire de texte

6. Par cette énumération l'auteur veut souligner le fait que – malgré le plan antiviolence – ce problème est loin d'être résolu et que les responsables politiques sont au fond incapables d'y remédier. (L'ironie de la première phrase accentue encore cette conviction de l'auteur.)

7. Pour pouvoir supporter la situation actuelle dans les classes, l'enseignant doit réconcilier deux capacités très contraires, incarnées par Socrate et Tarzan. Il doit être Socrate, le philosophe plein de compréhension pour la nature humaine et toujours prêt à régler les différends par le dialogue; en même temps il doit se comporter comme Tarzan, le héros de la jungle qui impressionne surtout par ses forces physiques.

Commentaire personnel

8. – conflits familiaux et sociaux:
   - parents divorcés
   - chômage
   - problèmes financiers

  - mauvaises conditions de logement
  - marginalisation
- problèmes à l'école:
  - échecs scolaires
  - manque de perspectives
  - manque de solidarité
  - discrimination raciale
  - pédagogie insuffisante
- influence des médias:
  - présence quotidienne de la violence
  - modèle du héros brutal

9. – capacités nécessaires dans l'avenir:
  - solide formation générale
  - esprit d'équipe
  - créativité
  - flexibilité
- pour développer ces capacités l'école devrait:
  - offrir une grande variété de matières et la possibilité de choisir d'après ses talents et ses intérêts
  - mettre l'accent sur les méthodes actives: travailler en groupe, apprendre en s'instruisant mutuellement
  - encourager les facultés créatrices
  - renforcer les liens entre l'enseignement et la vie professionnelle (stages)

10. – pour le collège unique:
  - permet d'offrir le même enseignement qualifié aux enfants de toutes les couches sociales
  - n'oblige pas l'élève à décider trop tôt de sa carrière scolaire
  - donne une chance aux élèves attardés de développer leurs facultés
  - crée un sentiment de solidarité
- contre le collège unique:
  - favorise l'uniformisation de l'enseignement
  - risque de baisser le niveau des études
  - néglige les enfants doués

9.3 Faut-il avoir peur des clones?

Compréhension du texte

1. Les scientifiques sont beaucoup plus optimistes que les médias: ils croient que le clonage aidera l'humanité dans la lutte contre les maladies jusqu'ici incurables. Dans les médias, par contre, on met l'accent sur l'aspect inquiétant du clonage: l'homme sera désormais à la merci d'une science qui le privera de ses qualités d'individu/qui déshumanisera l'individu. (La plupart des êtres humains seront alors réduits à l'état d'esclavage et destinés à être exploités comme donneurs d'organes. Seuls quelques riches égocentriques profiteront du clonage pour s'assurer une vie 'éternelle'.)
2. Les pessimistes peuvent être contents que grâce au flux d'informations dans les médias leurs avertissements soient enfin pris au sérieux. Ils espèrent que tout le monde se rendra compte des risques du clonage. La peur causée par le premier animal cloné prouve à leurs yeux que leurs inquiétudes sont justifiées et les remplit ainsi d'une certaine satisfaction.
3. Par cette phrase l'auteur veut dire que la peur des clones ne touche pas le fond du problème, car les vrais dangers de cette nouvelle science sont ailleurs. Au lieu de dénoncer le clonage, il faudrait tenir compte des conséquences qui relèvent du domaine de la bioéthique.
4. Si on utilise toutes les possibilités offertes par la génétique, chacun aura des problèmes à garder certains secrets concernant son état de santé ou ses caractères héréditaires. D'une part, patrons ou assurants pourront profiter de ces informations au détriment de leurs employés ou clients; d'autre part, la connaissance d'un défaut génétique pourra provoquer de nouvelles craintes chez l'individu concerné et même chez ses enfants qui en sont également menacés.
5. a) Le développement de l'embryon entre le moment de la conception et la naissance n'est pas seulement un processus biologique; il dépend aussi des multiples expériences et sensations auxquelles il est exposé pendant la grossesse. Le mode de vie, le comportement et les goûts de la mère ont une influence si importante que deux humains clonés seront déjà différents au moment de leur naissance.
   b) Cette différence s'accentue de plus en plus au cours de la vie. L'homme n'est pas prédisposé une fois pour toutes. Comme son cerveau et son système nerveux mûrissent lentement, toutes les expériences vécues au cours des années contribuent à déterminer sa personnalité. Et, finalement, ce sont la société et l'époque qui exercent une influence non négligeable sur le caractère de l'individu.

Commentaire de texte

6. Peut-être les femmes ressentent-elles plus vivement que les hommes le regret de devoir renoncer à la jeunesse et à la beauté. Se faire cloner leur épargnerait cette perte douloureuse. Ce serait la promesse d'une 'renaissance'.

7. Les «clones culturels» sont probablement des êtres humains qui – sans avoir aucun lien de parenté – vivent dans le même entourage et subissent les mêmes influences sociales et culturelles. Il se peut qu'il y ait entre eux plus de ressemblance que par exemple entre deux jumeaux séparés dès leur naissance et élevés dans des milieux très différents.

8. L'auteur emploie une langue très vivante qui facilite la compréhension du sujet scientifique. Beaucoup d'exemples concrets illustrent ses arguments. Il parle souvent sur un ton légèrement ironique, surtout en décrivant les 'produits' du clonage. Là il se sert d'un vocabulaire très en vogue, plein d'abréviations («écolo», «catho», «facho», l. 59) Tout en donnant un nombre d'informations précises il arrive ainsi à rendre la lecture amusante. Il veut certainement que le lecteur approche ce sujet difficile d'une manière critique sans se faire une idée exagérée ni des risques ni des chances de la génétique.

Commentaire personnel

9. – Oui, le progrès scientifique améliore les conditions de vie:
   - la médecine: on peut guérir beaucoup de maladies graves; diminuer les douleurs; prolonger la vie
   - les technologies modernes: elles créent de meilleures conditions de travail; réduisent la durée du travail; améliorent la qualité des produits; font baisser les prix; rendent la communication plus facile

   – Mais le progrès scientifique comporte des risques importants et cause de graves dégâts:
   - la destruction de l'environnement: la pollution atmosphérique, l'effet de serre, le trou dans la couche d'ozone etc. menacent la qualité de la vie
   - le nucléaire: le risque de l'explosion d'un réacteur n'est pas exclu; le problème des déchets n'est pas résolu
   - la génétique: voir page 104

10. Possibilités d'une utopie (négative):
    - contrôle absolu des êtres humains par un pouvoir autoritaire, un surhomme
    - apocalypse moderne: destruction de l'humanité et de la planète
    - découverte de nouvelles planètes: vie extra-terrestre

11. Ce fait n'est pas dû à un manque d'intelligence de la femme, mais au rôle qu'on lui attribue traditionnellement dans une société patriarcale:
    - éducation de la jeune fille: formation scientifique négligée
    - la femme comme mère et maîtresse de la maison
    - difficulté de réconcilier les tâches familiales et professionnelles
    - manque de confiance en ce qui concerne ses qualités scientifiques: peur de la concurrence masculine
    - inégalité des conditions de travail et des chances de promotion
    - postes à responsabilités réservés aux hommes

Stichwortverzeichnis

Notizen

Ihre Meinung ist uns wichtig!

Ihre Anregungen sind uns immer willkommen.
Bitte informieren Sie uns mit diesem Schein über Ihre Verbesserungsvorschläge!

	Seite	Fehler, Vorschlag

Zutreffendes bitte ankreuzen!

Die Absenderin/der Absender ist:

- ☐ Lehrer/in
- ☐ Fachbetreuer/in
  Fächer: ____________
- ☐ Seminarlehrer/in
  Fächer: ____________
- ☐ Regierungsfachberater/in
  Fächer: ____________
- ☐ Oberstufenbetreuer/in
- ☐ Schulleiter/in
- ☐ Referendar/in, Termin 2. Staatsexamen: ____________
- ☐ Leiter/in Lehrerbibliothek
- ☐ Leiter/in Schülerbibliothek
- ☐ Sekretariat
- ☐ Eltern
- ☐ Schüler/in, Klasse: ____________
- ☐ Sonstiges: ____________

Unterrichtsfächer: (Bei Lehrkräften!)

____

STARK Verlag
Postfach 1852
85318 Freising

Bitte ausfüllen und im frankierten Umschlag an uns einsenden. Für Fensterkuverts geeignet.

12-V1T

Kennen Sie Ihre Kundennummer? Bitte hier eintragen.

Absender (Bitte in Druckbuchstaben!)

Name/Vorname

Straße/Nr.

PLZ/Ort

Telefon privat für Rückfragen

Geburtsjahr

E-Mail-Adresse

Schule/Schulstempel (Bitte immer angeben!)

(Bitte blättern Sie um)